...ATION DE LA RÉUNION DES OFFICIERS

SOUVENIRS

D'UNE

MISSION A L'ARMÉE CHILIENNE

BATAILLES DE CHORRILLOS ET DE MIRAFLORES

(Avec un résumé de la guerre du Pacifique et des notes)

PAR

M. LE LÉON

Lieutenant de vaisseau

Cartes et croquis

PARIS

...IE MILITAIRE DE L. BAUDOIN ET Cᵉ

LIBRAIRES-ÉDITEURS

...re et Passage Dauphine, 30

1883

SOUVENIRS

D'UNE

MISSION A L'ARMÉE CHILIENNE

PARIS. — IMPRIMERIE L. BAUDOIN ET Cᵉ, RUE CHRISTINE, 2.

PUBLICATION DE LA RÉUNION DES OFFICIERS

SOUVENIRS

D'UNE

MISSION A L'ARMÉE CHILIENNE

BATAILLES DE CHORRILLOS ET DE MIRAFLORES

(Avec un résumé de la guerre du Pacifique et des notes)

PAR

M. LE LÉON

Lieutenant de vaisseau

Cartes et croquis

PARIS

LIBRAIRIE MILITAIRE L. BAUDOIN ET Cᵉ

LIBRAIRES-ÉDITEURS

30, Rue et Passage Dauphine, 30

1883

SOUVENIRS

D'UNE

MISSION A L'ARMÉE CHILIENNE

AVANT-PROPOS.

Causes de la guerre. — La guerre du Pacifique, à laquelle son origine a fait aussi donner le nom de *Guerre du Nitrate*, a mérité, plus d'une fois, de fixer l'attention de l'Europe, et quelques-uns des événements de la lutte du Chili contre la Bolivie et le Pérou prendront leur place dans l'histoire.

Après leur émancipation, au commencement de ce siècle, les diverses parties de l'Amérique espagnole s'étaient constituées en républiques indépendantes, ayant à peu près les mêmes limites que les provinces coloniales.

On pouvait se contenter de frontières approximatives lorsque tout le territoire reconnaissait la même autorité suprême, et que les populations, peu nombreuses, étaient séparées par des solitudes à peine connues.

Maintenant même, aucune de ces puissances n'est rigoureusement délimitée. Suivant la fantaisie des géographes, des étendues de terrain plus grandes que la Belgique sont attribuées successivement à chacune des nations voisines. La République Argentine et le Chili viennent à peine (23 juillet 1881) de se mettre d'accord pour la possession de la Patagonie.

Le désert d'*Atacama* avait paru former une séparation suffisante entre le Chili et la Bolivie (22° à 26° de latitude sud), jusqu'au jour où la découverte de nombreuses mines vint donner de l'importance à cette région désolée.

A la suite de plusieurs traités, on avait adopté le 24° degré de latitude sud pour ligne de démarcation. Mais la région comprise entre le 23e et le 25e degrés devait être exploitée par les deux puissances limitrophes.

La Bolivie, séparée de cette région par la gigantesque chaîne des Andes, n'y envoyait que des fonctionnaires, pendant que les Chiliens, bien plus laborieux et plus industrieux, du reste, s'y établissaient en très grand nombre et découvraient chaque jour des mines.

Antofagasta, port situé sur la côte bolivienne, mais dans la zone commune, devenait surtout un centre important d'exploitation et d'exportation, pour toutes les richesses minières de la région (23° 28′ sud).

Cette prospérité fut la cause de difficultés sans cesse renaissantes. La Bolivie regrettait de s'être lié les mains. De nouveaux traités, péniblement négociés au milieu de ses révolutions intérieures, limitaient ses droits fiscaux sur cette portion de son sol, tout en lui accordant certains avantages. Le gouvernement de La Paz avait récemment fixé des taxes, faibles il est vrai, mais arbitraires, sur l'exportation du *nitrate* : il avait décrété la confiscation des usines de la Compagnie des salpêtres. Le Chili s'était ému de cette atteinte aux intérêts de ses nationaux, et, tout en faisant des représentations, envoyait à Caldera (27° sud) des navires chargés de soldats. A la suite de longues et infructueuses négociations, il faisait soudainement, et sans déclaration de guerre, occuper Antofagasta (14 février 1879). La population, en grande majorité chilienne, ne songea pas à faire la moindre résistance.

Le Pérou, lié depuis 1873 avec la Bolivie par un traité secret, voulut mais inutilement jouer le rôle de médiateur. Le gouvernement de Santiago mit fin à toute ambiguïté en lui déclarant la guerre, le 5 avril 1879.

Notre présence sur les côtes du Pacifique nous a permis de suivre sans interruption les péripéties de la lutte entre les trois républiques latines.

Nous ne nous occuperons ici que des derniers événements, dont nous avons été plus particulièrement le témoin dans les circonstances suivantes :

Vers la fin de novembre 1880, le bruit courut que les Chiliens, récemment débarqués à Pisco, allaient entreprendre leur marche sur Lima.

Les chefs des forces navales neutres, au mouillage sur la rade de Callao, décidèrent, le 26 du même mois, l'envoi d'officiers des diverses marines, en qualité d'attachés militaires, auprès du quartier général de l'armée chilienne.

Cette décision était prise, non seulement dans le but d'avoir des renseignements impartiaux sur la succession des opérations militaires, mais encore dans l'intérêt des nombreux étrangers résidant à Lima.

Un capitaine de frégate anglais, un capitaine de corvette américain, un lieutenant de vaisseau italien, et un officier français de même grade, partirent le 27 sur l'aviso anglais *l'Osprey*. Ils allaient demander au général, commandant en chef, l'autorisation de suivre la marche de l'armée expéditionnaire jusqu'à la fin de la campagne.

Cette permission fut accordée avec empressement par le général *Villagran*, commandant la 1re division déjà cantonnée à Pisco, ainsi que par le ministre de la guerre en campagne, *Vergara*.

Embarqué sur le croiseur *le Decrès*, nous avons eu l'honneur d'être l'officier français désigné par M. le capitaine de vaisseau Chevalier, commandant alors la division navale française (1).

Pendant deux mois nous avons vécu au milieu des diverses fractions de l'armée chilienne, suivant les exercices, les marches, les embarquements, les débarquements, et quelques reconnaissances.

Nous avons accompagné, pas à pas, le général en chef pendant la bataille de *Chorrillos*. Pendant celle de *Miraflores*, nous avons parcouru le terrain en compagnie de l'officier anglais, avec lequel nous étions entre les deux armées, au début de cette bataille imprévue (2).

---

(1) *La Victorieuse*, portant le pavillon du contre-amiral Bergasse du Petit-Thouars, était partie en mai 1880 pour pacifier les îles Marquises, de sorte que *le Decrès* est resté longtemps seul, ou avec *le Hussard*, sur les côtes des pays en guerre (mai 1879-février 1881). *Le Hussard* était commandé par M. Parizot, capitaine de frégate.

(2) Les renseignements contenus dans ce travail paraîtront plus d'une fois en désaccord avec les documents officiels et les diverses publications particulières ; nous en garantissons toute-

Nous avons toujours eu les relations les plus cordiales avec les généraux, les chefs et les officiers, qui furent, à l'envi, aimables et sympathiques. Nous obtenions ainsi des communications, parfois d'un caractère tout à fait confidentiel, que le contrôle de nos observations personnelles nous faisait accepter avec confiance.

Les cartes à la disposition de l'état-major n'étaient pas très exactes. Aussi voit-on figurer dans les rapports des noms de localités qui nous ont paru devoir être omis ou rectifiés. Dégagé de toute préoccupation quant aux différentes phases de la bataille, nous avons pu les étudier de sang-froid, et noter chaque incident avec l'heure précise. A cheval, dans le cortège du général Baquedano, nous étions bien placé pour connaître les mouvements de l'armée. Du reste, après les combats, nous avons parcouru le terrain et discuté les faits accomplis avec quelques-uns des principaux auteurs (3).

COUP D'ŒIL RÉTROSPECTIF.

L'immensité des pays en guerre, la nature du terrain, resserré entre les Cordillières des Andes et la

---

fois l'exactitude pour les raisons données plus loin (Note de l'auteur).

(3) Nous avons pris divers renseignements qui concordaient avec nos propres observations dans les documents officiels et surtout dans les récits mouvementés du *Mercurio*. Le correspondant de ce journal a très bien décrit les nombreux incidents terribles ou familiers de la bataille, même quand ils jettent un jour défavorable sur les actes des vainqueurs.

mer, entrecoupé de vallées profondes perpendiculaires à la côte et de larges déserts de sable, ne permettaient pas aux armées de marcher l'une contre l'autre en suivant la voie de terre.

Aucune puissance n'avait, du reste, au début, assez de troupes pour commencer des hostilités sérieuses. Aussi, à part quelques courses dans le désert d'Atacama, les premières actions furent-elles purement maritimes et limitées aux marines comparables, sinon équivalentes, du Chili et du Pérou.

Par le décret du 27 avril 1879, expulsant tous les Chiliens vivant sur son territoire, le Pérou donnait à ses ennemis près de 8,000 volontaires endurcis au travail, exaspérés, respirant la vengeance.

La Bolivie, ne possédant pas même un navire, se bornait à lancer des décrets sur la course pour se procurer des corsaires dont personne n'a jamais entendu parler.

La question de la Patagonie, soulevée depuis longtemps entre la République Argentine et le Chili, avait forcé ce dernier pays à garder son escadre armée. Aussi pouvait-il, peu après la déclaration de guerre, faire mettre le blocus devant *Iquique*, centre d'exportation des riches mines de la province de *Tarapaca* (20° 15′ sud).

Le 16 mai, l'amiral chilien, laissant deux navires très faibles à la garde du blocus, conduisait le reste de ses forces au *Callao*, pendant que l'escadre péruvienne, se tenant plus près de la côte, allait, avec le président Prado, porter des troupes à *Arica;* puis, sur l'annonce du départ des Chiliens, se rendait à *Iquique* chercher un succès facile.

Mais la marine péruvienne, contre toute prévision,

éprouvait un désastre qui entraîna les autres à sa suite.

Tout le monde connaît le combat d'Iquique (21 mai 1879), où la corvette en bois *l'Esmeralda* se défendit glorieusement contre le cuirassé péruvien *le Huascar*. Frappée de plusieurs coups d'éperon, après une longue poursuite, elle s'engloutit le pavillon haut. Son capitaine, *Arturo Prat*, trouva la mort en s'élançant à l'abordage du *Huascar*, au moment du dernier choc.

Dans ce même combat, la canonnière *la Covadonga*, manœuvrant habilement, évite l'autre cuirassé péruvien, *l'Independencia*, et, fuyant très près de la côte, voit son puissant adversaire donner contre les rochers de la Punta-Gruesa, où l'équipage doit l'abandonner après l'avoir incendié.

Pendant plusieurs mois, le *Huascar*, commandé par un bon marin, tient la mer, inquiétant les côtes ennemies. Profitant de sa légère supériorité de vitesse, il peut déjouer les tentatives d'attaque des cuirassés chiliens plus forts que lui, jusqu'à sa prise, le 8 octobre 1879, près de la pointe d'*Angamos* (23° sud), par les deux divisions de l'escadre chilienne. L'amiral Grau est tué par un boulet au début de ce beau combat contre des forces très supérieures, ainsi que plusieurs des officiers qui lui succédèrent dans le commandement (1).

Ne craignant plus d'être troublés du côté de la mer, les Chiliens peuvent faire, le 2 novembre 1879,

---

(1) Le 27 février 1880, le *Huascar*, devenu chilien, eut son commandant tué par un boulet péruvien devant Arica.

un débarquement de vive force à *Pisagua* (19° 15′ de latitude sud), et s'emparer de la province de Tarapaca à la suite d'une campagne plus heureuse que bien menée. Ils éprouvent un seul échec, mais un échec sanglant, au chef-lieu du même nom (20° sud, 71° 30′ ouest de Paris). Un corps chilien, croyant aller à la poursuite de troupes débandées, se heurte, près de cette ville, contre une force péruvienne organisée, qui opérait sa retraite sur *Arica*. Les Chiliens, épuisés par une longue marche dans les sables brûlants, perdent un drapeau, 4 canons (1) et plus de 1000 hommes. Les Péruviens, bien plus nombreux, continuent leur retraite, que les extrêmes difficultés de la route rendent désastreuse.

L'occupation pacifique d'Iquique (le 23 novembre 1879), à la suite de l'évacuation des troupes péruviennes, marque la fin de la première phase de la guerre.

2° *Période*. — Ces défaites devaient amener des révolutions dans ces contrées où peu de présidents arrivent au terme légal de leur mandat.

Prado le prévoyait, lorsque, revenu d'Arica sans avoir été au feu, il s'embarquait clandestinement pour l'étranger, à la fin de 1879.

Piérola, le révolutionnaire bien connu, avait

---

(1) 28 novembre 1879. Les canons, enterrés par les Péruviens qui ne pouvaient les emporter, rentrèrent en la possession des Chiliens qui retrouvèrent aussi le drapeau dans une église, après la prise de Tacna. Nous l'avons vu remettre solennellement au 2ᵉ régiment de ligne, en janvier 1881, à Lurin.

gagné une partie des troupes et livré, le 21 décembre, un combat indécis dans les rues de Lima. Le lendemain, il était maître du Callao, sans la moindre lutte. Le gouvernement, peu sûr du reste des troupes qui lui obéissaient encore, traita le jour même, et, le 23 décembre, Piérola, faisant son entrée solennelle dans la capitale, prenait la dictature avec le titre de chef suprême. Plus tard il ajoutait celui de protecteur de la race indigène.

Hilarion Daza, président de la Bolivie, n'avait pas su conduire ses troupes au combat, et les avait ramenées à Tacna, sans avoir vu l'ennemi. Pendant une courte absence qu'il fit, son armée le déposait le 27 décembre, après une dictature de trois ans obtenue par la violence. Le vieux général Campéro était élu président, à La Paz, et venait quelques mois plus tard prendre à Tacna le commandement des forces alliées.

L'occupation de *Moquegua*, la prise d'une position réputée inexpugnable, celle de *los Angeles* (22 mars 1880), la bataille de *Tacna* (26 mai 1880) gagnée par les Chiliens, la prise d'assaut d'*Arica* (7 juin 1880) (18° 20′ sud), forment la deuxième période.

Conférences d'Arica. — L'héroïsme de Bolognesi, mourant comme il l'avait juré, jetait un reflet glorieux sur les désastres de son pays dont il sauvait l'honneur. Après une telle lutte on pouvait traiter.

Plusieurs puissances européennes étaient disposées à favoriser de leurs bons offices la cessation de la guerre. Les États-Unis intervinrent seuls, assez soudainement, et, sous les auspices de leurs ministres résidant à Lima, à La Paz, à Santiago, des conférences eurent lieu en octobre 1880, à bord d'une corvette américaine sur la rade d'Arica. — Les Chiliens demandaient :

1º La cession du territoire au sud de Camarones (19º sud);

2º Le payement de 20 millions de piastres (100 millions de francs);

3º La restitution des propriétés confisquées aux Chiliens;

4º La restitution du *Rimac*, transport pris par *le Huascar*;

5º L'annulation du traité de 1873 (alliance du Pérou et de la Bolivie);

6º L'occupation de Moquegua, Tacna et Arica jusqu'à l'exécution du traité;

7º L'interdiction de fortifier Arica après la guerre.

Les Péruviens refusèrent absolument de s'occuper de cession du territoire, et l'on dut s'en remettre aux chances des armes. — (De nouvelles tentatives en 1881 et 1882 ne furent pas plus heureuses).

Situation des belligérants. — Après la défaite de Tacna, les troupes boliviennes dispersées avaient pris la route de leur pays, et le général Campéro se contentait de faire quelques proclamations emphatiques. Le projet de confédération péru-bolivienne signé le 11 juin resta lettre morte. En réalité, dès le mois de juin 1880, la lutte ne continuait qu'entre le Chili et le Pérou.

Ces deux nations n'avaient pour ainsi dire que des recrues dans leurs armées.

Mais beaucoup des soldats chiliens avaient déjà vu le feu. Si la discipline et l'instruction laissaient à désirer dans certains corps, l'ensemble était suffisant, et chaque jour amenait quelque progrès. La plupart, excités par des succès presque ininterrompus, étaient bien disposés pour une dernière campagne, dont l'issue favorable leur permettrait enfin de reprendre l'existence de travail et de plaisirs dont ils étaient sevrés depuis longtemps. Les troupes régulières, et relativement aguerries, du Pérou avaient disparu. Les restes des armées de Tarapaca et de Tacna, éparpillés dans les montagnes, ne pouvaient être réunis, et les distances énormes à franchir, sans routes praticables, les rendaient inutiles pour la défense de Lima.

Piérola, déployant une grande activité, avait rassemblé d'assez nombreuses troupes, qu'il avait pu habiller, armer et organiser, en grande partie.

Les Chiliens le reconnaissaient et en éprouvaient une vive irritation. Sans lui, pensaient-ils, la paix se serait faite après Tacna, ou, du moins, la prise de Lima eût été plus facile.

Malgré le blocus des côtes, il arrivait beaucoup de fusils de tous les modèles, et ces arrivages continuèrent jusqu'au dernier moment dans les ports au nord du Callao. Le reste du trajet se faisait à dos de mulet. On fabriquait à Lima des canons, dont plusieurs firent un service convenable (1), et des affûts de divers genres.

---

(1) Des essieux d'acier pour locomotives furent forés au calibre de 60 millimètres, enchâssés dans du bronze, avec un anneau d'acier à la bouche, et munis d'une fermeture de culasse formée d'un coin (genre Krupp). Les rayures étaient nom-

On voyait entrer des régiments levés à l'intérieur ou sur le littoral non occupé par l'ennemi. C'étaient des bandes à moitié armées, fatiguées par une longue marche, qu'il fallut équiper, instruire et encadrer.

Vers le milieu de 1880, on s'occupa de former une réserve comprenant les hommes valides de Lima.

Au son de la cloche de la cathédrale, des troupes de citoyens en vêtements de travail se rendaient sur la place de l'Exposition. — Les boutiques étaient fermées, par ordre, pendant les heures d'exercice. — On vit peu d'armes et peu d'uniformes avant une assez longue période de préparation. — Le même peloton renfermait parfois les alliances les plus disparates quant aux vêtements et aux races.

Aussi nulle cohésion ne s'établit entre les divers groupes de cette réserve qui rendit peu de services. Le reste de l'armée recevait au camp de Lurigancho, ou dans la pampa des Amancaes, une instruction plus sérieuse, mais encore insuffisante.

La plupart des officiers, improvisés comme les soldats, manquaient de connaissances militaires. Le brillant courage déployé en maintes circonstances ne pouvait y suppléer.

L'organisation déplorable du service de l'intendance empêcha de profiter de l'aptitude étonnante de la race indigène pour la marche. — Les soldats emmènent habituellement leurs femmes avec eux. — Ce sont elles (les rabonas) qui préparent le campe-

---

breuses. Une charge de 270 grammes de poudre lançait à environ 5,000 mètres un projectile de 2^k,300. On les appela des canons *Grieve*, du nom de l'ingénieur.

ment, se procurent les vivres avec la solde journalière et les font cuire. — Elles portent leurs enfants sur le dos et les ustensiles de cuisine comme elles peuvent. Ce sont de véritables bêtes de somme, supportant avec résignation leur misérable sort.—Leur présence donne un aspect étrange aux armées péruviennes, surtout au moment des repas.

Grands efforts des Chiliens.

En deux années (février 1879, janvier 1881), près de 60,000 Chiliens ont passé sous les drapeaux (1). — Il se produisit plus de 12,000 vides avant la campagne de Lima (morts, blessés, malades, déserteurs). Si l'on réfléchit qu'au début de la guerre, le Chili avait à peine 3,000 soldats réguliers, on se rend compte de l'activité qu'il a fallu déployer pour habiller, armer, instruire un si grand nombre d'hommes, avec le peu d'éléments disponibles.

La longue durée de la guerre permit de recevoir de l'étranger, de l'Europe surtout, des fusils, des canons, des munitions, des approvisionnements de tout genre, sans parler d'un transport et de plusieurs torpilleurs.

Après la victoire de Tacna, beaucoup étaient d'avis de garder les provinces conquises, et d'attendre que

---

(1) Comme la population totale représente environ le 1/17 de celle de la France, cela correspond à un million d'hommes pour nous, et même au-delà, à cause du bien plus grand nombre d'enfants chiliens (annuellement, il y a là-bas, 1 naissance pour 27 habitants, en France 1 pour 38 seulement).

les Péruviens voulussent demander la paix. — Par l'occupation d'Arica, on était maître des revenus de la douane de Bolivie, et l'exploitation des salpêtres de la province de Tarapaca permettrait d'entretenir les forces nécessaires pour l'application de ce système.

Plusieurs déclaraient que cette attitude n'amènerait d'autre résultat que de rendre la confiance à l'ennemi, auquel on laissait des chances, très faibles, il est vrai, d'augmenter ses forces maritimes.

La plupart des membres du gouvernement de Santiago et des généraux regardaient l'expédition contre Lima comme des plus hasardeuses, vu la faiblesse de l'effectif que l'insuffisance du nombre des navires empêchait même de transporter en une seule fois.

Mais l'opinion publique s'était prononcée dans le Parlement et dans la presse avec une telle énergie, qu'il n'y avait pas moyen de la différer trop longtemps.

L'actif et intelligent ministre de la guerre, Vergara (1), qui faisait partie du cabinet formé en juillet 1880, était partisan de l'attaque du dernier boulevard des Péruviens. — Il imprimait aux préparatifs une impulsion vigoureuse, et, laissant l'intérim à l'un de ses collègues, allait veiller lui-même à l'exécution des ordres du gouvernement. Le général en chef n'était

---

(1) Don José F. Vergara, colonel de garde nationale s'était distingué dans la première période de la guerre. Il avait remplacé don Rafael Sotomayor enlevé le 20 mai par une attaque d'apoplexie.

responsable que de la partie purement militaire et stratégique. Et même, dans plus d'une circonstance, il eut à tenir compte, à cet égard, des vues du ministre.

Les régiments de ligne virent combler leurs vides, et les bataillons de garde nationale mobilisée furent, pour la plupart, transformés en régiments. (Chaque régiment comprend deux bataillons, et chaque bataillon quatre compagnies de 150 hommes. — Mais bien peu de régiments arrivèrent au chiffre de 1100 hommes. — 3 officiers supérieurs, appelés chefs, sont les seuls officiers montés : le colonel, le lieutenant-colonel et le major.)

En principe, l'armée ne se composa que de volontaires ; mais, lorsque la guerre se prolongea bien au delà des prévisions, il fallut recourir à une sorte de presse, assez semblable à celle des marins en Angleterre. En dehors de Santiago on ne garda pas toujours assez de ménagements, et des réclamations furent portées à la tribune restée libre jusqu'à la fin de la guerre.

On échelonnait les troupes de manière à placer les fractions les plus aguerries au nord, tandis que les plus récemment formées occupaient le littoral chilien.

On acheta ou l'on fréta plusieurs paquebots de la Compagnie sud-américaine, et tout ce qu'on put trouver de navires à voiles. Les transports et les navires de guerre avaient passé ou passaient au dock flottant à Valparaiso, pour nettoyer leurs carènes et subir les réparations nécessaires.

Expédition Lynch sur les côtes septentrionales du Pérou.

Pendant que les ministres des États-Unis préparaient les négociations entre les belligérants, le colonel Lynch, avec plus de 2,000 hommes embarqués sur les navires disponibles, parcourut la côte du Pérou au nord du Callao, levant des contributions en nature et en espèces, mettant à rançon les riches usines à sucre, nombreuses dans cette région. Il les jetait bas avec de la dynamite, lorsque les propriétaires péruviens ne pouvaient ou ne voulaient pas verser les sommes demandées. — L'interdiction de payer ces contributions fut faite par Piérola sous des peines très sévères. — Cela causa, entre autres la démolition complète de l'usine de Palo Seco, dont la valeur était estimée près de 15 millions de francs. — Mais les propriétés de l'État surtout (môles, douanes, chemins de fer, etc.) furent l'objet d'une destruction méthodique.

Cette expédition, qui rappelle, mais en petit, celle de Drake au XVIe siècle, sur ces mêmes côtes, avait pour but de faire vivre une partie des troupes aux dépens de l'ennemi, dont on diminuait en même temps les ressources; de faire prendre patience aux Chiliens, et, sans doute, d'influencer les esprits, au Pérou, en faveur de la paix.

Faits maritimes de la 3e période.

Comme toutes les opérations de la guerre, cette expédition eût été absolument impossible si les Chiliens n'eussent pas été maîtres de la mer. Depuis l'ouverture des hostilités jusqu'à cette époque, les deux marines avaient subi de très grands changements en sens inverse. — La marine chilienne s'était enrichie des pertes de l'ennemi, et d'acquisitions faites à l'étranger.

Marine chilienne. — Elle comprenait alors :

1° Les deux cuirassés *l'Amiral-Cochrane* et *le Blanco Encalada*, portant 6 canons de 23 centimètres : la flottaison est protégée par 22 centimètres de fer ; déplacement 3,480 tonneaux ;

2° Le *Huascar*, monitor cuirassé à 12 centimètres, armé de 2 canons de 23 centimètres dans une tourelle, déplacement 1800 tonneaux (pris aux Pér u viens) ;

3° Quatre corvettes à batterie barbette :

Le *Chacabuco* et l'*O'Higgins* avec 9 canons ;

La *Magallanes* (Magellan), avec 4 canons, et l'*Ab-tao* (ce dernier navire, ayant ses chaudières en service depuis 17 ans, ne pouvait dépasser 5 milles à l'heure) ;

4° Les avisos *Covadonga* (pris aux Espagnols en 1865), et *Pilcomayo* (pris aux Péruviens le 17 novembre 1879) ;

5° Un transport rapide, venu récemment d'Angleterre, avait reçu un canon Armstrong de 20 centimètres (fermeture de culasse à vis) ;

6° Il y avait, en outre, plusieurs transports armés de canons ;

7° Les Thornicrofts et les canots à vapeur porte-torpilles étaient armés de canons-revolvers Hotchkiss.

Marine péruvienne. — Les restes de la marine péruvienne se trouvaient au Callao ; c'étaient :

1° La corvette rapide *l'Union*, armée de 13 canons ;

2° Le monitor *Atahualpa*, avec 2 grosses pièces lisses, incapable d'aller deux milles à l'heure ;

3° Quatre transports en fer, dont un, *le Rimac*, avait été capturé l'année précédente.

En outre, on avait dans le port un certain nombre de canots à vapeur et de petits remorqueurs armés de canons d'un faible calibre.

Depuis le mois de mars 1880, le pavillon péruvien n'avait plus reparu sur la mer. — A cette époque l'*Union* avait forcé le blocus d'Arica, pour y porter quelques secours. Elle avait soutenu, tout en embarquant son charbon, une vive canonnade avec les bloqueurs, et s'était échappée, en plein jour, d'un mouillage forain, malgré la présence de plusieurs navires ennemis, dont deux cuirassés. — On ne peut compter le voyage de la *Limeña*, sortie le 24 juin pour aller chercher des blessés et rapporter les cadavres de Bolognesi, Moore, et d'autres officiers d'Arica, auxquels la population de Lima fit de très belles funérailles.

Blocus.

Pour empêcher une nouvelle sortie de l'*Union*, le seul navire à craindre, les Chiliens bloquèrent étroitement le port du Callao à partir du mois d'avril suivant. Ils bloquèrent aussi Mollendo (port où aboutit le chemin de fer d'Aréquipa) et, plus tard, les trois ports de Chorrillos, Ancon, Chancay, reliés à

Lima par des voies ferrées (1).— Ils faisaient d'assez fréquentes croisières sur les côtes, et gardaient en relation avec le Chili les troupes qu'ils transportaient et ravitaillaient.

L'escadre de blocus de Callao fut extrêmement variable dans sa composition : le *Blanco*, portant le pavillon du contre-amiral Riveros, y demeura presque constamment. Les navires mouillés pendant le jour à la pointe du nord de l'île San Lorenzo, appareillaient avant l'obscurité pour se mettre au large.

Pendant la nuit on apercevait le feu électrique des cuirassés qui fouillaient l'horizon. Chaque matin, ils revenaient dans diverses directions prendre leur abri sous l'île, et, le plus ordinairement, un seul navire restait à croiser à l'ouverture de la baie.

Leur blocus fut très favorisé par la clémence exceptionnelle du climat de cette région, où les tempêtes sont inconnues : ils purent ainsi se servir de petits vapeurs ou de torpilleurs dont l'usage prolongé au large serait impossible partout ailleurs.

Des canots de ronde circulaient nuit et jour sur la rade, souvent du côté des navires neutres, qui, placés à 3 milles dans le nord du Callao, voyaient aussi venir des canots péruviens. Assez fréquemment, la nuit, des coups de fusil, de Hotchkiss ou de canon, annonçaient une rencontre entre deux rôdeurs ennemis. Le 25 mai, un engagement de ce genre amena la perte des deux adversaires. Le torpilleur chilien fit sauter le péruvien avec une torpille portée ; lui-même

---

(1) Mollendo, 17° sud, 74° 20 ouest; Ancon, 11° 48 sud; Chancay, 11° 35 sud.

paraîtrait avoir été frappé par une torpille lancée à la main.

Les Péruviens firent bien quelques tentatives inutiles pour détruire les navires ennemis, soit en posant la nuit des torpilles à leur mouillage habituel, soit en mettant à la dérive des appareils munis de mouvements d'horlogerie, qui éclatèrent loin des navires, ou que les Chiliens purent recueillir.

Deux navires chiliens furent pourtant coulés d'une façon singulière.

Destruction du transport LE LOA et de la canonnière LA COVADONGA.

Le *Loa* étant de garde le 3 juillet, et croisant à 4 milles et demi au nord du mouillage des neutres, aperçoit une grosse chaloupe à l'ancre, les voiles hissées : remplie de provisions fraîches, elle paraît avoir voulu pénétrer dans le port de Callao, et avoir été abandonnée par son équipage à la vue des croiseurs. Un examen superficiel n'ayant rien fait découvrir de suspect, on la conduit le long de ce transport; mais à peine a-t-on commencé le déchargement qu'une explosion formidable a lieu; le navire s'enfonce peu à peu par l'arrière, et 9 minutes après nous n'apercevions plus que l'extrémité des mâts. — Les navires neutres témoins de ce désastre (anglais, *Thétis* et *Pingouin;* italien : la frégate *Garibaldi;* français : le *Decrès*) envoient des canots qui peuvent sauver une trentaine d'hommes.

Un seul canot du *Loa* peut flotter et recueillir des hommes accrochés aux épaves — sur 175 personnes, on compte environ 120 victimes. — Ce nombre énorme s'explique par le désordre que causa la peur dans un équipage tout récemment composé de recrues. Il y eut au Parlement une interpellation sur la quantité insuffisante de ceintures de sauvetage. — L'escadre chilienne n'arriva qu'après les canots étrangers; et comme la nuit l'empêchait de se rendre compte des événements à craindre, elle se tint assez loin du lieu du sinistre.

On sut qu'une longue caisse de dynamite était dissimulée sous les provisions, dont le poids maintenait tendu le mécanisme de percussion.

Depuis longtemps le bruit courait qu'un appareil de ce genre devait être mis en usage, et l'amiral Riveros disait avoir recommandé une extrême prudence à ses capitaines. Dans ce cas, le commandant du *Loa* paya de sa vie l'oubli de ces prescriptions. Une semblable imprudence amena la perte de la *Covadonga*, dont le commandant disparut aussi (13 septembre 1880).

Ce navire venait de tirer des coups de canon sur des embarcations à Chancay (28 milles au nord de Lima). Une chaloupe avait été coulée, mais un petit canot restait intact; son élégance en fait désirer la possession, et deux visites successives constatent l'absence de tout objet suspect. On se dispose donc à le prendre à bord. Au moment où l'on raidit les palans accrochés dans les boucles du fond, il se produit une explosion très forte. Le bâtiment coule rapidement et ne montre plus qu'une partie de l'arrière et la mâture au-dessus de l'eau. Vingt-neuf hommes peuvent s'entasser dans le canot de corvée resté à l'eau, et s'enfuir vers le large. Les Péruviens, qui suivaient de terre les manœuvres de l'ennemi, poussent à la mer des embarcations pour prendre les 46 marins qui surnagent, et donner la chasse aux fugitifs. Mais ceux-ci peuvent se réfugier à bord de la *Pilcomayo* en croisière vers Ancon ; 35 hommes périssent.

On a parlé de torpilles Lay employées ici ; nous ne croyons pas que cela soit ; nous pensons, d'après nos renseignements personnels, que ce devait être une charge de dynamite bien étalée, dans un double fond habilement adapté au canot, avec un mécanisme relié aux boucles.

Bombardements.

L'escadre chilienne bombarda plusieurs fois le Callao, dont la population avait, en grande partie, émigré à Lima.

Mais il y eut peu de dégâts causés par les obus ennemis.

Les navires de blocus se tenaient généralement à environ 6,000 mètres du rivage, c'est-à-dire hors de la portée des plus gros canons de la défense et de la zone des torpilles mouillées dans la rade.

De plus, ils ne pouvaient tirer qu'avec des pièces en barbette, trop peu nombreuses pour concentrer beaucoup de projectiles sur un point déterminé. Les incendies étaient, du reste, rapidement éteints par les compagnies de pompiers établies en permanence au faubourg Bellavista.

Plus habituellement les coups étaient dirigés vers le port de commerce, où s'abritaient les navires péruviens. L'*Union*, bien protégée par des sacs à terre entassés sur les digues, eut cependant une chaudière avariée. Quelques navires en bois sans valeur et deux petits remorqueurs furent coulés.

Quand le *Huascar* s'approcha davantage, il fut atteint dans ses œuvres vives, mais sans gravité.

Après la perte de leurs deux navires, les Chiliens veulent tirer vengeance de ce qu'ils regardent comme un attentat. Ils demandent qu'on leur livre dans les 24 heures le *Rimac* et l'*Union ;* sinon, ils bombarderont les ports voisins. Sur le refus, facile à prévoir, de la part des Péruviens, le *Cochrane* ouvre, le 22 septembre à midi, le feu contre les maisons de Chorrillos. Les premiers coups portent bien. Mais des canons installés pendant la nuit l'atteignent et le font s'éloigner pour tirer par-dessus le *Morro del Fraile.* Le tir devient incertain. Les 82 projectiles dépensés ne produisent que des dommages insignifiants.

Le lendemain, le *Blanco*, avec 152 obus, démolissait et brûlait quelques maisons de bois à Ancon : le même jour, 23, la *Pilcomayo* tirait 60 coups de canon sur Chancay, sans grand résultat.

Le 6 décembre, un torpilleur chilien, frappé par un boulet, coule pendant un engagement de plusieurs torpilleurs contre des vapeurs péruviens. Des boulets tombent au milieu des navires neutres, qui doivent s'éloigner encore et mouiller à 5 milles du Callao.

Quelques jours plus tard, le 11 décembre, il y eut une nouvelle canonnade où se trouvèrent engagés les mêmes adversaires.

Les capitaines des petits navires péruviens montrèrent une hardiesse et une certaine habileté de manœuvre qui obtinrent l'approbation de tous les marins étrangers témoins de ce tournoi brillant, mais stérile; les équipages intéressés par ce spectacle s'étaient groupés dans les mâtures.

L'*Angamos* tirait sur le port marchand par-dessus les bâtiments engagés. Tout à coup on le vit s'éloigner sans qu'on devinât la cause de cette brusque retraite.

Le canon Armstrong de 8 pouces (203^{mm}), placé sur le gaillard d'avant, venait de disparaître au 323e coup tiré, en tuant le chef de pièce et un officier. Les servants placés latéralement n'eurent aucune blessure. D'après les diverses circonstances de ce fait, le corps du canon a dû glisser dans la frette-tourillon, partir en arrière et, rencontrant le bord du châssis, rebondir à la mer.

La pièce avait une inclinaison de 12° pour une distance de 6,000 mètres (la poudre humide). La frette avant, pressée contre la frette-tourillon, fut projetée en avant par réaction, en vertu de l'élasticité des surfaces d'acier en contact après que le tube s'en fut dégagé.

Les Anglais, voulant trouver la vraie cause de l'accident, dans l'interêt de leur industrie métallurgique, draguèrent, mais sans résultat. Les blocs tombant par 24 mètres de fond, sur de la vase molle, avaient dû rapidement s'enliser. Nous tenons du capitaine lui-même, Monsieur Lynch, que le boulet tomba près du but visé.

Débarquement à Pisco.

Comme les troupes produisaient à Tacna un encombrement exagéré et que les vivres devenaient très rares, le ministre de la guerre fit décider l'envoi de la division Villagran à Pisco, après y avoir incorporé les troupes du colonel Lynch.

Quilca (16° 42′ S.) avait été occupé sans coup férir.

Vers les premiers jours de novembre 1880, la division s'embarquait à Arica ; elle comprenait 8,400 hommes environ, répartis entre : 2 régiments de ligne, 5 régiments et 1 bataillon de garde nationale mobilisée, 1 régiment de 450 cavaliers, 2 batteries de campagne et 2 batteries de montagne.

Le 15 novembre à 4 heures du matin, on donna le signal du départ, mais les installations encore incomplètes sur beaucoup de bâtiments ne permirent de prendre le large que le soir.

7 transports, remorquant chacun un navire à voiles (1), 5 remorqueurs avec 1 croiseur et 2 corvettes d'escorte, formaient le convoi, qui, favorisé par un très beau temps, soutint une vitesse de 5 à 6 milles à l'heure, et, le 19 au matin, arriva, très dispersé, dans la baie de Paracas (V. carte n° I).

Cette baie, située à 7 milles au sud de Pisco et parfaitement abritée contre la houle et le vent, offrait un point de débarquement facile, surtout en l'absence de tout ennemi.

Il y avait bien dans la ville un colonel Zamudio avec environ 2,000 hommes à peine organisés et mal armés. Malgré l'insuffisance de cette force, le colonel répondit à la sommation du parlementaire chilien par une lettre emphatique dans laquelle il annonçait une résistance héroïque. Mais dans l'après-

---

(1) Les transports et les voiliers avaient chacun 2 chalands appliqués contre leurs murailles.

midi, la plupart des soldats se débandèrent sous le tir de quelques boulets de la corvette *Chacabuco*.

Les troupes débarquées à Paracas, le 19 au soir et le 20 au matin, entrèrent à Pisco l'arme au bras.

Le général Villagran fit occuper par un bataillon le petit port de Tambo de Mora, à 20 kilomètres au nord de Pisco. On ne pouvait encore utiliser le chemin de fer qui relie Pisco au chef-lieu de préfecture Ica, situé dans une vallée fertile, à 70 kilomètres du port. Aussi le 4º de ligne, accompagné d'un escadron des grenadiers et d'une batterie, dut-il s'y rendre en traversant le désert sablonneux qui s'étend depuis la côte jusqu'aux approches de la ville. Quelques jours après la voie ferrée fut praticable; mais des tentatives de déraillement répétées, quoique mal exécutées, obligèrent à ne circuler que le jour et lentement.

Une fraction des troupes et le matériel furent commodément mis à terre par le môle, ouvrage magnifique de plus de 600 mètres de long. Les Péruviens avaient placé en divers points du tablier des barils de poudre avec des fils électriques. La dispersion des soldats et le désarroi de la défense permirent à quelques négociants de rendre ces préparatifs inutiles.

La 1ʳᵉ brigade de la 2º division, forte de 3,500 hommes, et commandée par le colonel Gana, arrive le 30 novembre et s'installe à 3 ou 4 kilomètres de la ville, au milieu des oliviers énormes de Caucato. Les soldats construisent avec des cannes à sucre et des feuilles de palmiers d'élégantes cabanes, formant un tableau des plus pittoresques, sous les voûtes du feuillage vert sombre des grands arbres.

Les régiments cantonnés dans la région vécurent

de la vie de garnison, s'exerçant chaque jour dans la pampa voisine aux manœuvres d'ensemble et parfois au tir.

Pendant ce temps, les transports étaient constamment en marche pour échelonner sur la côte à Iquique, Arica, Tacna, les troupes de formation récente, destinées à garder les provinces conquises à la place des régiments désignés pour l'expédition contre Lima.

Pisco ne pouvait être considéré que comme une position permettant de vivre sur le pays ennemi. On y trouva un cantonnement convenable et des vivres à bon marché que l'on payait avec les soles-papier pris aux Péruviens. La distance à la capitale est trop grande (plus de 230 kilomètres) et le chemin à travers les sables trop difficile pour en faire un point stratégique.

Mais, pour les navires, cette distance est franchissable en peu d'heures sur cette mer clémente, et l'on pouvait alors, avec les premiers navires déchargés, venir chercher les forces placées là, pendant que les autres troupes continueraient leur débarquement dans un port plus voisin de leur objectif.

Plan de campagne.

Trois ports s'offraient au choix du général en chef: Ancon, le Callao, Chilca.

1º Le premier se trouve à peu près à 35 kilomètres au nord de Lima, d'où part un chemin de fer allant jusqu'à Chancay. A 13 kilomètres d'Ancon, la voie ferrée traverse un col où des troupes solides trouveraient une position facile à défendre, après quelques travaux sans grande importance. On est au milieu du sable partout. Pour avoir de l'eau, il faut aller jusqu'au Rio Chillon, à 7 kilomètres plus loin : à partir de cette rivière on n'a plus que des chemins relativement faciles.

Nous croyons que ce plan avait des chances de réussite, pourvu qu'on déployât une grande activité. Le port, très abrité, permet de débarquer les troupes et le matériel jour et nuit, sur plusieurs points à la fois et rapidement.

Par suite de l'absence de fortifications (1), les navires de guerre pouvaient s'approcher de la plage pour la balayer, si des troupes d'infanterie venaient avec de l'artillerie légère s'opposer à la descente.

Dans ce cas, les troupes péruviennes établies aux lignes de Chorrillos et Miraflores auraient eu à faire volte-face pour venir, sur un terrain non préparé, arrêter la marche de l'armée envahissante.

Nous savons que certains chefs auraient choisi ce point.

2º Pour débarquer sur la plage du Callao, au nord du Rimac, il aurait fallu pouvoir compter sur une série de jours où la mer fût calme, car le ressac, presque constant, et parfois très fort, rend l'accostage déli-

---

(1) Il y avait bien eu une batterie de deux pièces d'assez fort calibre, mais l'une d'elles ayant éclaté, on enleva l'autre pour ne pas attirer le feu de l'ennemi. Assez longtemps après le blocus du Callao, ce port servit pour les communications de l'étranger avec Lima. Les Chiliens se contentaient de tirer sur les trains circulant le long de la côte entre Ancon et Chancay, après qu'ils eurent interdit cette circulation.

cat. Une fois débarquée, l'armée restait sous la protection de l'escadre, et, si la nature marécageuse de certaines parties du terrain n'était pas favorable à la marche des troupes, le chemin à parcourir pour attaquer Lima par un côté non défendu n'était que de 11 kilomètres (Voir carte III).

3° Chilca, situé à 70 kilomètres au sud de cette dernière ville, obtint la préférence. On pensa que la présence de forces péruviennes importantes y était peu probable, à cause du manque absolu de ressources du pays.

Les Péruviens avaient prévu ce choix lorsqu'ils préparèrent la défense vers le sud.

Départ de la 1re division par la route de terre.

Afin de trouver le terrain libre en arrivant à Chilca, le général en chef donna l'ordre à la division Villagran de s'y rendre par la route de terre, avec sa cavalerie et ses batteries de montagne.

Cet ordre, tout à fait imprévu, fut extrêmement désagréable aux chefs de la division, qui en jugèrent l'exécution très difficile dans un pays imparfaitement connu. Les troupes furent rappelées d'Ica, et, le 13 décembre au soir, la division tout entière se mit en marche pour Tambo de Mora, qu'elle atteignit le lendemain matin (Voir carte I).

Entre cette bourgade et la vallée de Cañete, il y a environ 45 kilomètres de désert, avec une seule aiguade insuffisante (1), à mi-route. L'agrandissement

---

(1) Cette aiguade ombragée par un seul palmier avait une profondeur d'eau de 55 centimètres; après le passage d'une

du puits de Jaguëy (ou Jawell) prit beaucoup de temps, et la première moitié de la brigade Lynch partit seulement le 17. La brigade Amunategui n'ayant pas encore quitté Tambo de Mora, reçut l'ordre de revenir à Pisco, la marche par terre devenant sans objet pour elle, par suite de ce grand retard.

Le gros de l'armée quitte Arica.

Le ministre de la guerre Vergara, venant de Pisco, était arrivé le 2 décembre à Tacna. Il fit presser les dernières dispositions et commencer le 11 l'embarquement du reste de l'armée sur la flotte réunie au mouillage d'Arica.

Le 14, le contre-amiral Riveros donnait le signal du départ.

Les corvettes, les transports, les paquebots, prirent à la remorque les navires à voiles. Les troupes et les chevaux étaient aussi entassés qu'il est possible de le faire pour une courte durée, sur une mer sans tempêtes, par une température douce, avec un ciel sans pluie, qui permettent de vivre sur le pont nuit et jour.

Les navires de commerce, complètement allégés, avaient vu leurs cales se transformer en logements pour les soldats, et des ouvertures pratiquées dans leurs flancs donnaient un peu d'air, concurremment avec les écoutilles.

Le 19 au matin, le convoi mouillait sur la rade de Pisco : les navires disponibles recevaient la brigade Gana, dont l'embarquement fut peu rapide, à cause du petit nombre de chaloupes à vapeur, à cause du

---

demi-brigade et de 1200 animaux (chevaux, mules, ânes), le niveau n'avait baissé que de 12 centimètres environ.

manque d'ordre, à cause aussi de la paraca, brise journalière soufflant du sud dans l'après-midi, et soulevant un clapotis gênant pour les embarcations.

Le bataillon Quillota reste seul pour garder les malades ; plus tard il débarque à Chorrillos, à temps pour prendre une part utile à la bataille de Miraflores.

Le 20 décembre, entre une heure de l'après-midi et la nuit close, 14 transports ou paquebots, avec autant de trois-mâts à la suite, appareillèrent successivement, et firent route au nord, sous l'escorte des deux cuirassés *Cochrane* et *Blanco*. La corvette *Magallanes* éclairait la route, et l'*Ablao* fermait la marche. La vitesse fut de 5 milles à l'heure. Le convoi portait 16,000 hommes de troupes de toute catégorie avec les chevaux, les mules, les vivres, le matériel, les munitions, etc.

Comme il faisait un temps superbe, de longues files de chalands et de très petits vapeurs furent mis à la traîne derrière les trois-mâts remorqués.

Au lever du jour, les 32 navires occupaient un espace de 10 milles du nord au sud, et de 4 milles de l'est à l'ouest.

Arrivée à Chilca.

A 4 heures de l'après-midi, tout le convoi était mouillé. La baie de Chilca, tout à fait sûre, abrita 10 navires, après que des canots eurent, à la dernière heure seulement, dragué pour s'assurer qu'il n'y avait pas de torpilles. Les autres mouillèrent devant l'entrée. On ne trouva pas la moindre trace d'ennemis sur cette côte déserte et sablonneuse où l'on voit à peine quelques misérables huttes de pêcheurs.

Cependant les 30 kilomètres à faire jusqu'à Lurin ne peuvent être parcourus en une étape, et la route à suivre passe, près de la baie, à travers des montagnes de sable, avec des pentes impraticables pour l'artillerie. Les défilés offraient aux Péruviens, dont on ignorait la situation exacte, des facilités pour inquiéter les colonnes.

On ne mit donc à terre que des cavaliers, pour prendre des renseignements à Chilca. Quelques-uns devaient aller au-devant de la brigade Lynch (cartes I et II).

Durant cet intervalle, c'est-à-dire encore au dernier moment, le *Blanco*, avec le ministre de la guerre, recherchait un autre point de débarquement plus au nord, et trouvait, à 5 milles de Chilca, la petite anse de Curayaco.

Le lendemain 22, dès l'aube, les navires levèrent l'ancre pour aller mouiller en pleine côte à l'endroit indiqué. La tranquillité de la mer et la faiblesse du vent permirent aux capitaines de se placer, sans rien risquer, très près des rochers ; 3 navires purent entrer dans la crique même. L'*Abtao*, à bord duquel nous étions avec le colonel Gana, mouilla très près de la plage, ce qui nous permit de bien voir tous les mouvements.

Un chaland fut conduit au point D pour servir de débarcadère. Mais l'avant seul était échoué, et le ressac, fort léger pourtant, donnait de petits mouvements irréguliers et brusques qui rendaient incommode le passage sur des sacs entassés pêle-mêle.

Le débarquement se fit au moyen de chalands de la forme indiquée par le croquis ci-joint, pouvant contenir à peu près 65 soldats équipés, se tenant debout.

Les chaloupes à vapeur, en très petit nombre, et les canots à l'aviron des navires de guerre, servirent au remorquage. Parfois même, les chalands allèrent seuls à terre à l'aide de deux grands avirons. Ce qui ralentit encore l'opération.

CROQUIS N° 1. — Anse de Curayaco.

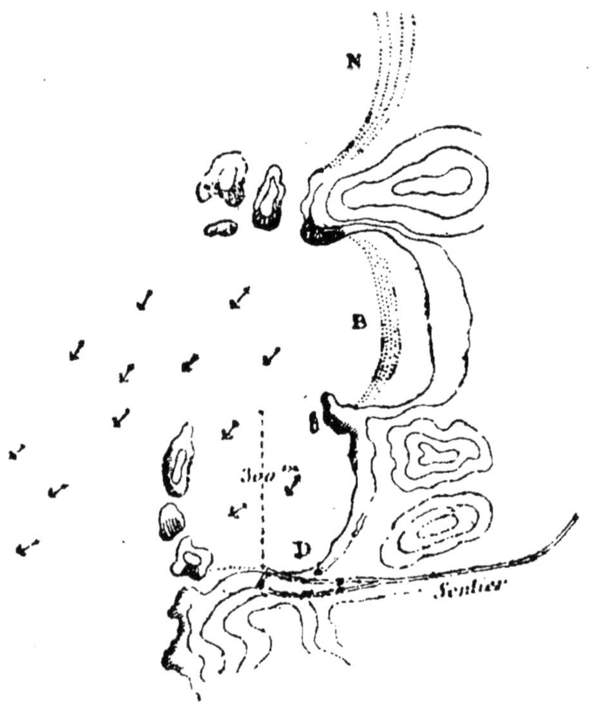

Le premier jour descendent 3 régiments (Chillan, 3ᵉ de ligne, Esméralda), qui vont camper près de la plage N, à 3 kilomètres du point D. Sur cette plage on peut, à de certains moments, débarquer plusieurs canons de campagne. Une partie des chevaux et la plupart des mules sont mis à la mer et dirigés, à la nage, vers la plage B, où des soldats les attendent.

La mise à terre des 16,000 hommes et d'une petite quantité de vivres prend quatre journées entières. Les premiers navires disponibles vont à Pisco chercher la brigade Amunategui et la débarquent le 27 décembre.

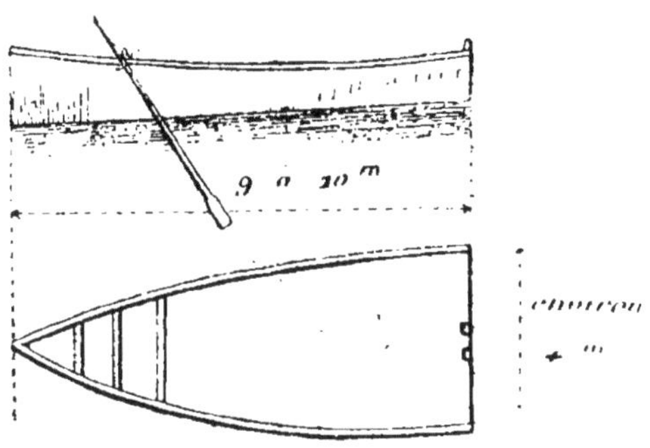

Cnoquis n° **2**. — Chaland.

Plus tara, plusieurs navires vont mouiller devant l'anse, très ouverte, de Jaguay, à 5 milles plus au nord, pour y déposer l'artillerie, les ambulances, etc.

Le *Toro* jette l'ancre à 200 ou 300 mètres de la plage où les chalands sont conduits par un va-et-vient fixé à ce petit vapeur. De nombreux soldats et marins les halent immédiatement à sec. Le chaland vide est poussé à l'eau et remorqué à une certaine distance par le *Toro*. Il y a du ressac, et plusieurs chargements sont inondés par les volutes au moment d'arriver à terre.

Pendant trois semaines les vivres et les munitions s'accumulent sur cette plage et sur celle de Curayaco. Mais une partie du parc général et beaucoup d'approvisionnements restent à bord jusqu'à Chorrillos et même jusqu'au Callao, après les batailles.

Entrée à Lurin.

Le 22, aussitôt après le mouillage, on avait envoyé en reconnaissance 100 cavaliers qui revinrent le soir, annonçant la présence à Lurin de 400 à 500 Péruviens tout au plus.

Le 23 de grand matin, la brigade Gana se met en route; un piquet de cavalerie d'avant-garde est reçu par quelques coups de fusil sans effet, et la troupe occupe cette misérable bourgade.

Quand on apprit l'entrée paisible des premières forces, la joie fut générale dans l'armée.

On ne pouvait croire que les Péruviens n'eussent pas défendu l'accès de l'eau. L'eau, c'est la question par excellence dans ces pays de sable, et le souvenir des souffrances endurées dans le désert, pendant la marche sur Tacna, hantait tous les esprits.

A ce moment, les navires voyaient leurs approvisionnements diminuer malgré la production continuelle des appareils distillatoires. S'il y avait eu une résistance un peu sérieuse, on eût été obligé d'attendre que les troupes débarquées fussent assez nombreuses pour marcher ensemble sur Lurin, et l'on se serait trouvé dans une situation délicate.

De Curayaco à Lurin (voir carte II), il y a 18 kilomètres d'une route assez plane, mais très sablonneuse, où le pied enfonce profondément à chaque pas. La marche y est pénible et fort lente, même à cheval.

Les troupes débarquées chaque jour partent généralement le lendemain, dès 3 heures du matin, après avoir passé la nuit sur la plage N.

Pendant ce temps, des reconnaissances fouillent

le pays autour de Lurin. L'une d'elles, accueillie vers Manchay par un feu nourri des Péruviens embusqués sous les bois, dut revenir avec 2 tués et quelques blessés.

Marche de la brigade Lynch, par terre.

(Voir cartes I et II.)

Le 25 et le 26, arrivent successivement, après huit jours de marche, les deux moitiés de la brigade Lynch, qui se suivaient à 24 heures d'intervalle, de manière à faciliter l'approvisionnement en vivres et en eau.

Car on avait plusieurs étapes situées dans des localités pauvres, ou près d'aiguades peu abondantes auxquelles il fallait laisser le temps de se remplir.

Entre Lurin et Tambo-de-Mora, s'étend, sur une longueur de 180 kilomètres environ, une succession de plaines et de montagnes sablonneuses, entrecoupées de loin en loin par des vallées dont les rivières au régime très inégal passent, suivant la saison, d'une abondance torrentueuse à la plus extrême sécheresse.

Dans les riches vallées de Cañete et de Mala, les rivières coulaient déjà, grossissant chaque jour, tandis que l'eau n'était pas encore arrivée dans celles d'Asia et de Chilca. La carte n° I montre que les deux tiers de la route traversent des espaces fort arides, et, même dans les vallées, rarement les chemins sont abrités par des arbres. Ce ne sont, le plus souvent, que des fossés remplis de sable ou de poussière. Aussi faisait-on la marche vers la fin du jour et avant le lever du soleil ; à plusieurs reprises, on utilisa la clarté de la lune pour faire une plus longue route. Au bout d'une heure, on donnait un repos d'au moins un quart d'heure.

Mais l'allure était fort lente, et souvent il fallait marcher encore sous un soleil brûlant rendu plus pénible par la réverbération sur le sol nu. Dans ces conditions, la régularité n'était pas grande : les régiments s'allongeaient jusqu'à occuper une longueur de 1 kilomètre (pour 1000 hommes), distance que l'on diminuait un peu à l'approche des vallées.

Les Péruviens tentèrent mollement d'entraver la marche des Chiliens, qu'ils auraient pu inquiéter en organisant des bandes de partisans (Montoneras).

De Lima on avait envoyé 1 régiment de cavalerie pour surveiller et harceler les colonnes ennemies.

Mais son action fut sans importance, et nous le verrons se faire disperser plus tard.

En arrivant à Piedra Blanca, première localité au sud de la vallée de Cañete, les cavaliers chiliens envoyés en éclaireurs, très loin en avant des troupes, sont accueillis à coups de fusil par des Montoneros qui se retirent bientôt après. Les troupes s'arrêtent la nuit à la limite du désert, et partent le lendemain à 6 heures du matin pour Cañete.

On lève des contributions en argent et en vivres (en bétail principalement) sur les riches propriétés de cette vallée, et sans perdre de temps, le même jour, à 4 heures du soir, on se met en route pour l'étape suivante ; mais à la nuit on arrive dans des chemins inondés et défoncés à dessein, où plusieurs chevaux perdent pied en certains endroits. Il faut rétrograder et attendre le lever de la lune. La deuxième demi-brigade, qui s'est rendue directement de Piedra Blanca à Cerro-Azul, n'a pas eu d'obstacles sur sa route.

A Bujama, sur la lisière de la vallée de Mala, la cavalerie chilienne essuie quelques décharges de mousqueterie. Comme la nuit tombait, elle s'arrête pour attendre les troupes, qui arrivent à 11 heures du soir.

Au jour, on traverse cette belle région par des chemins encaissés entre des bois épais ; là s'embusquent les Péruviens, qui tirent quelques salves presque à bout portant. Mais les coups, mal assurés, passent trop haut et ne peuvent arrêter la marche.

Deux paysans pris les armes à la main sont fusillés.

La deuxième demi-brigade dut, le lendemain, tirer du canon sur des groupes placés dans des positions dominantes.

Mais toutes ces petites escarmouches furent sans importance, puisque les pertes des Chiliens se bornèrent à 2 tués, 4 blessés, et 1 grenadier prisonnier. Cependant il eût été très facile de rendre le passage presque impraticable et de faire subir des pertes sérieuses aux Chiliens.

Il y eut peu de traînards ; mais beaucoup de soldats allaient nu-pieds, ou plutôt avaient les pieds enveloppés de bandes de toile et de peau, pour ne pas souffrir de la chaleur excessive du sol.

La colonne s'était fort augmentée en route. Plus de 1000 Chinois étaient venus se mettre à la suite des régiments, espérant se trouver ainsi libérés de leurs engagements envers leurs maîtres. L'espoir de piller

Lima n'était pas étranger à la présence de beaucoup d'entre eux. En attendant, ils aidaient les soldats à porter leurs armes et leurs bagages. On avait ramassé sur la route plus de 600 ânes que l'on chargea de sacs, d'armes, d'ustensiles de cuisine. Les mules avaient les vivres et les barils d'eau.

Régiment de cavalerie péruvienne pris ou dispersé.

La cavalerie du colonel Sévilla, qui avait surveillé la brigade Lynch, vint, le 27 au soir, donner à l'étourdie dans les avancées chiliennes, du côté de Manchay ; les musiciens en avant, surpris par les coups de fusil d'un bataillon du Curico, se rejettent sur les lanciers, qui se rejettent à leur tour sur les flanqueurs (ou carabiniers). Ceux-ci, les seuls qui fussent armés de fusils, ripostent, mais le combat ne dure pas longtemps. Le colonel est cerné et pris avec 5 officiers. (Le lieutenant-colonel fut tué quand il venait se rendre le surlendemain.) Le commandant chilien avait reçu des blessures mortelles.

Les jours suivants, près de 120 cavaliers, pressés par la faim, viennent se livrer aux avant-postes. Les rifleros avaient pu passer à la faveur du désordre et de l'obscurité. Ils gagnèrent Lima. D'autres remontèrent la vallée.

Campement de Lurin.

(Voir carte II *bis*.)

Composition de l'armée.

Le 28 décembre, l'armée chilienne expéditionnaire se trouve réunie dans la plaine de Lurin, logeant sous des cabanes de feuillage d'un agréable aspect.

Elle se composait d'environ 24,000 hommes, dont plus de 1100 cavaliers et près de 1400 artilleurs, sans compter le train ni les ambulances, où furent mis les Chinois pour faire les corvées.

Le tableau suivant montre la répartition des divers corps dans l'armée.

Général en chef : Don Manuel Baquedano, général de division.

Ministre de la guerre en campagne : Don José F. Vergara, colonel de garde nationale.

Chef d'état-major général : Marcos II Maturana, général de brigade.

1re DIVISION : colonel Lynch, capitaine de vaisseau.

1re *brigade* : colonel J. Martinez.

1 régiment de ligne........	Le 2e (8 compagnies).
Rég. de garde nation. mobil.	L'*Atacama* (8 compagnies).
Id...............	Le *Colchagua* (8 compagnies).
Id...............	Le *Talca* (8 compagnies).
Id...............	L'*artillerie de marine* (8 comp.).
Bataill. de garde nation. mob.	Le *Mélipilla* (6 compagnies).

2e *brigade* : colonel Amunategui.

1 régiment de ligne........	Le 4e (8 compagnies).
Rég. de garde nation. mobil.	Le *Chacabuco* (8 compagnies).
Id...............	Le *Coquimbo* (8 compagnies).

2e DIVISION : E. Sotomayor, général de brigade.

1re *brigade* : J.-F. Gana, colonel du génie.

Régiment de ligne.	Le *Buin* (1er de ligne, 8 comp.).
Rég. de garde nation. mobil.	L'*Esméralda* (8 compagnies).
Id...............	Le *Chillan* (8 compagnies).

2e *brigade* : colonel Barbosa.

Rég. de garde nation. mobil. Le *Lautaro* (8 compagnies).
Id . . . . Le *Chacabuco* (8 compagnies).
Bataill. de garde nation. mob. Le *Victoria* (6 compagnies).

3e DIVISION : colonel Pedro Lagos.

1re *brigade* : colonel Urriola.

Bataill. de garde nation. mob. Le bataillon naval (6 compagn.).
Rég. de garde nation. mobil. L'*Aconcagua* (8 compagnies).

2e *brigade* : lieutenant-colonel Barcelò.

Régiment de ligne. . . . . Le *Santiago* (8 compagnies).
Rég. de garde nation. mobil. Le *Concepcion* (8 compagnies).
Bataill. de garde nation. mob. Le *Bulnès* (4 compagnies).
Id . . . . Le *Caupolican* (6 compagnies).
Id . . . . Le *Valdivia* (6 compagnies).

RÉSERVE : lieutenant-colonel Aristide Martinez.

1 régiment du génie, les *sapeurs* (8 compagnies en 4 brigades), ordinairement à la disposition de l'état-major.

1 régiment de garde nationale mobile, le *Valparaiso* (8 compagnies, 1re brigade de la 3e division).

1 régiment de ligne, le 3e *de ligne* (8 compagnies, 2e brigade de la 2e division).

En plus, à Miraflores, on eut le bataillon *Quillota*.

CAVALERIE : commandant général, lieutenant-colonel E. Letelier.

1 régiment à 3 escadrons de 2 compagnies, les *grenadiers à cheval*.

2 régiments à 2 escadrons de 2 compagnies, les *chasseurs à cheval* et les *carabiniers de Yungay*.

ARTILLERIE : commandant général, colonel J. Vélasquez.

Régiment n° 1 (2 batteries de campagne, 2 batteries de montagne).
Régiment n° 2 (5 batteries de campagne).
Artillerie de montagne (4 batteries de montagne plus 1 de réserve).

La force d'un régiment variait de l'un à l'autre, entre 900 et 1150 hommes ; celle d'un bataillon de 420 à 550 hommes. Par exception, le bataillon naval, composé des mariniers de Valparaiso, comptait 1000 hommes ; c'était plutôt un régiment.

Une compagnie représente donc en moyenne 130 hommes dans les régiments. Dans les bataillons, le chiffre est moindre, car il y a en dehors des quatre compagnies régulières, une compagnie de chasseurs et une de grenadiers.

Chaque escadron de cavalerie contenait 150 cavaliers.

Armement des soldats. — Artillerie.

La **1re** division, le régiment Buin et le bataillon Bulnès étaient armés du fusil *Comblain* (mécanisme à tiroir).

Les autres fractions avaient le fusil Gras, avec l'épée-baïonnette.

Ces deux armes, qui emploient la même cartouche, firent un très bon service. *Le Gras*, plus commode à manœuvrer, avait plus de portée ; *le Comblain* était moins sensible à la poussière, car son mécanisme est plus abrité.

Pour le tir, on employait une cartouche en clinquant très défectueuse. Pour le combat, l'étui est en laiton.

La cavalerie et l'artillerie avaient le fusil à répétition Winchester, à **12** coups, et à percussion centrale.

Le sabre français se trouvait dans presque toute la cavalerie, qui s'en montrait satisfaite. En outre, la plupart des soldats plaçaient dans leur demi-botte droite un couteau recourbé (le corvo), qui joua un certain rôle dans plusieurs combats.

L'artillerie était composée comme il suit :

1º De 50 canons de campagne :
- 12 canons Krupp de 87^{mm}, modèles 1879 et 1880 (fermeture à coin) ;
- 32 canons Krupp de 75^{mm}, modèles 1879 et 1880 (fermeture à coin) ;
- 6 canons Armstrong de 66^{mm}, modèle 1880 (système de fermeture à vis française).

2º De 27 canons de montagne :
- 23 canons Krupp de 75^{mm} ;
- 4 canons de 60^{mm}.

Il y avait en outre 6 mitrailleuses Gatling ; mais ces dernières, très dépréciées, furent laissées en arrière.

On avait commencé à disposer des canons-revolvers Hotchkiss sur des affûts de campagne ; ils ne furent pas prêts à temps.

Chaque pièce de campagne était traînée par 8 excellents chevaux, souvent appareillés.

Chaque batterie de 6 pièces comptait 125 hommes et 80 chevaux, avec la réserve.

Il y avait 6 mules par pièce de montagne : 3 pour le canon, l'affût et l'avant-train ; 2 pour les munitions, 1 de réserve.

Pour l'infanterie, ce sont des mules qui portent les cartouches dans des caisses en bois. Chaque bête avait 2,500 cartouches, qu'elles gardèrent pendant les derniers jours sans être déchargées pour la nuit.

Position des troupes.

Les régiments sont placés parallèlement à la rivière et tournés vers le nord-est, au milieu de champs de cannes à sucre ou de prairies d'alfalfa.

L'infanterie, groupée par division, est rangée sur sept lignes à droite de la route, tandis que la cavalerie, l'artillerie et les ambulances sont échelonnées à gauche.

Le grand quartier général s'établit dans l'hacienda de San Pedro, au lieu que l'état-major général reste à Lurin.

L'armée occupe un triangle de 6 kilomètres de base sur 8 de hauteur (la base étant formée par une ligne parallèle à la route). Elle est couverte vers le haut de la vallée par la brigade Barbosa, campée dans le vieux Pachacamac, à 8 kilomètres de Lurin, et en avant par la brigade Amunategui, établie de l'autre côté de la rivière, au pied des ruines gigantesques du vieux Pachacamac, cet imposant témoin de la splendeur de l'antique civilisation péruvienne (voir *le Pérou*, de Wiener). Dans cette direction, les avant-postes se trouvent à 6 kilomètres de la bourgade. Il n'y avait pas d'arrière-garde : seuls les chasseurs à cheval pouvaient être considérés comme une protection.

Ressources.

La canne à sucre fournit un fourrage très suffisant, et d'autant plus apprécié que c'est à peu près la seule nourriture dont on dispose pour les animaux. Quelques razzias dans le haut de la vallée procurent une assez grande quantité de bétail caché dans des fourrés presque impénétrables.

L'eau circule partout en abondance, dans des canaux alimentés par la rivière.

On s'occupe de réorganiser les troupes, de perfectionner l'instruction militaire de quelques régiments récents, et de compléter les munitions que les soldats ont jetées ou perdues.

Les mules venues avec la brigade Lynch furent d'une très grande utilité pour amener à Lurin les vivres et les munitions que l'on débarque aux *caletas* (petites baies) de Curayacò et de Jaguay.

Dans les premiers jours on n'en avait que 100, qui furent surmenées. Avec ce renfort et divers autres arrivages, on atteignit le chiffre de 800, à peine suffisant.

Reconnaissances.

On explore les divers chemins qui mènent de la vallée aux approches de Lima, tantôt avec de la cavalerie seule, tantôt avec de la cavalerie et de l'infanterie montée ; dans deux reconnaissances avec du canon, l'arrivée près des lignes péruviennes donna lieu à un échange de boulets.

La Magallanes, avec les chefs de la 1ʳᵉ et de la 3ᵉ division (Lynch et Lagos), parcourt la côte jusqu'à Chorrillos.

Le colonel Barbosa, emmenant 2,000 hommes et 4 canons, effectue, le 9, une reconnaissance offensive, par le chemin le plus à l'est, jusqu'à la Rinconada (carte III). Les défenseurs peu nombreux n'offrent qu'une résistance insignifiante et laissent entrer facilement dans leurs lignes. Des bombes automatiques, éclatant bien en avant des positions, blessent, mais sans gravité, quelques soldats chiliens.

La rivière, que l'on franchit sur un beau pont suspendu demeuré intact, marque, sauf à l'embouchure, la séparation entre la verdure et le désert. Au nord, on ne voit plus que des collines de sable aux sommets arrondis (*cerros*), laissant entre elles des plaines stériles, jusqu'à la ligne passant par Villa, San Juan, Tebes, la Molina (voir carte III).

La plage offre un assez bon chemin plat sur le sable humide Les autres voies ne sont que des traces se dirigeant entre les collines, au gré des voyageurs.

Les derniers mornes limitent au sud-est la magnifique plaine du *Rimac*, qui descend en pente très douce jusqu'au bord de la mer, sur la baie du Callao. Mais au Sud, la mer toujours houleuse, que l'on appelle la mer sauvage, a rongé les terres d'alluvion et produit des falaises verticales dont la hauteur, nulle à la pointe du Callao, s'élève progressivement jusqu'à 60 mètres en approchant de Chorrillos.

Ces falaises sont coupées par des ravines profondes, appelées *Barrancos*, faisant communiquer le plateau avec la plage fort étroite.

En avant de *Lima*, situé au centre de la plaine, à cheval sur le Rimac, se trouvaient deux lignes de défenses gardées par 25,000 hommes, organisés à peu près, mais sans grande instruction militaire.

L'espionnage assez facile n'avait pourtant pas très exactement renseigné les Chiliens sur les forces défensives de leurs ennemis. Les résidents eux-mêmes n'en savaient pas beaucoup plus. Par un va-et-vient continuel de troupes, Pierola empêchait le public de se rendre compte de l'effectif réel. Nous croyons que certaines autorités chiliennes eurent cependant une idée approchée de la véritable situation. Vers les derniers jours de décembre, une opinion assez accréditée dans le camp chilien lui faisait disposer de 50,000 hommes armés, dont la moitié de troupes régulières, et de 300 pièces de canon placées aux environs de Lima ou dans la ville elle-même. Cette appréciation très exagérée diminua quelque peu la confiance universelle dans l'issue de la lutte. Du reste, comme il arrive dans toute foule, les sentiments, très mobiles, passaient, sans raison apparente, par les phases les plus diverses. Cependant, le désir d'aller à Lima, où les soldats pensaient devoir trouver toutes les jouissances, la perspective de la fin des misères souffertes au milieu des sables brûlants, le mépris de leurs adversaires, tout leur faisait espérer le succès.

DÉFENSES PÉRUVIENNES.

1º *Villa. — San Juan. — Chorrillos.*

La première ligne se composait des collines situées au nord de Villa et courant au delà de San Juan, après avoir décrit un arc de cercle par l'est (cartes III et IV).

Elle défendait l'accès de la partie de la plaine où se trouvent Chorrillos et Miraflorès. La ligne des crêtes était garnie de parapets en terre ou en sacs de sable.

Deux ou trois passages étaient fermés par de petits retranchements dont la masse couvrante avait de

1 mètre à 1ᵐ,50 de hauteur, et le fossé 1 mètre de profondeur.

Quelques-unes des collines ont de 30 à 40 mètres au-dessus de la plaine sablonneuse par où devaient venir les assaillants. Une série de mamelons avec parapets les reliait au *Morro Solar*, dont le point le plus élevé est à 280 mètres au-dessus de la mer.

Un certain nombre de canons de campagne garnissait les positions, mais très dispersés.

La batterie du *Morro del Fraile* (mamelon du Moine) avait 2 Parrott de 70, un Rodman de 300 et un petit canon, établis pour répondre au feu des navires.

Toute la plaine, jusqu'à la falaise, est entrecoupée de murs en terre séchée au soleil (tapias), de 1 mètre à 1ᵐ,20 de hauteur, sur une épaisseur de 40 centimètres environ.

Le *Rio Surco*, dérivation du Rimac, alimente un grand nombre de petits canaux d'irrigation (acéquias) se ramifiant au milieu des champs de canne à sucre, des prairies bordées parfois de haies vives, et sur les bords de quelques petits taillis.

Avec de bons tireurs, cette ligne de défense eût été forte; ce n'était pas le cas des Péruviens.

Deuxième ligne. — Miraflorès (Voir carte III).

La deuxième ligne, étudiée depuis plus longtemps, constituait une défense plus sérieuse, mais incomplète.

Il y avait huit ouvrages (espèces de demi-redoutes) entre la mer à Miraflorès, et le Rio Surco à Salamanca.

Ces ouvrages avaient une longueur de 100 mètres sur le front.

La profondeur des fossés atteignait 4 mètres et les parapets en sacs à terre présentaient un bon abri contre l'artillerie chilienne ; ceux de la gauche étaient inachevés.

L'armement était partout insuffisant : 8 ou 10 canons de position pour toute la ligne, plus un certain nombre de canons Vavasseur de 12 et de canons de montagne (entre autres des Grieve de 6 centimètres). Dans l'un de ces ouvrages, nous avons vu, après la bataille, un canon Rodman, encore chargé, n'ayant pas même tiré ce premier boulet.

Mais la principale cause de faiblesse de la ligne provenait de ce que les intervalles n'étaient fermés que par des murs franchissables d'un saut de cheval. Ces tapias donnaient un abri momentané aux défenseurs sans arrêter des soldats résolus, qui pouvaient alors prendre à revers les défenses plus importantes.

Les Péruviens avaient renversé une partie des murs en avant de la ligne pour découvrir le terrain d'accès et, dans bien des endroits, avaient percé les murs conservés pour tirer à couvert du feu ennemi.

Entre le Rimac et Valverde, le Rio Surco offre un obstacle sérieux. Le courant est très fort et la largeur d'au moins 4 mètres. Mais là encore, pas plus qu'ailleurs, les ponts n'avaient été détruits.

En arrière, et dominant toute la plaine, les montagnes *San Cristobal*, *San Bartolomé* et *Piño* avaient reçu plusieurs canons pouvant contribuer à la protection de la deuxième ligne. Vers *Até*, il y avait peu de préparatifs.

Les reconnaissances et quelques renseignements de sources diverses apprirent que, depuis le débarquement, le gros des forces péruviennes se trouvait à la première ligne, avec des réserves à Miraflorès.

L'aspect de la carte montre que les assaillants devaient rencontrer :

1º Les deux lignes, s'ils suivaient le bord de la mer ;

2º La deuxième ligne seulement, en se dirigeant à mi-distance entre la mer et le Rimac ;

3º Et, pour ainsi, aucun obstacle fortifié, près du Rimac.

Plans d'attaque.

Cette situation donna naissance à deux plans :

1º En s'avançant par Manchay et Pachacamac sur Até, on tournait les positions par la gauche et l'on coupait l'armée péruvienne de ses lignes de retraite, soit vers Ancon par le nord, soit vers l'intérieur par la voie ferrée transandine (Voir la carte nº III).

On pouvait s'emparer de Lima et même du Callao avant que ces points fussent efficacement secourus, et l'armée péruvienne, prise à revers, aurait été réduite sans combat sérieux.

Il est vrai qu'on s'exposait soi-même à être surpris pendant une marche de flanc, et à voir sa retraite compromise par un ennemi un peu entreprenant. Alors le moindre échec se changeait en déroute. Le chemin à parcourir est, du reste, plus long que les autres, assez pénible, difficile pour l'artillerie. Mais dans les conditions actuelles, on avait bien des chances de succès, sans risquer de grandes pertes.

Quelques-uns des hommes les plus intelligents de

l'armée, le ministre de la guerre entre autres, penchaient de ce côté.

2° L'autre plan consistait à marcher sur les défenses de *Villa* et de *San Juan*, pour les aborder de front. La lutte devait être sanglante. Mais, pour arriver à l'ennemi, on avait un chemin plus court et plus facile; la retraite était assurée sur la vallée de *Lurin*, et l'on pouvait utiliser le concours de l'escadre.

En cas de réussite, on trouvait dans Chorrillos un point de ravitaillement commode, où l'on aurait toute facilité pour se reformer avant d'attaquer l'autre ligne, dont les défenseurs seraient démoralisés par la première défaite.

Le général en chef adopta cette manière de voir, malgré l'opposition de personnes autorisées.

Il resta inébranlable, et, dans un conseil de guerre, rallia un certain nombre de chefs à son opinion. Les autres n'eurent qu'à obéir.

Ici, pas plus qu'à Tacna, ou dans les autres batailles, sauf à Los Angeles, il n'y a eu de profondes combinaisons. On est allé à l'ennemi. L'entrain du soldat, son bon armement, son organisation bien supérieure à celle des Péruviens, ont donné la victoire, sous la vigoureuse impulsion des chefs.

Départ de Lurin, le 12 janvier au soir. — Ordre de marche (Voir la carte n° III).

La division Lynch (1), forte d'environ 6,700 hommes d'infanterie, part à 4 heures du soir et marche entre

---

(1) En arrivant à Chilca après l'armée, le général Villagran trouva l'ordre de se séparer de sa division et de se rendre à

la plage de Conchan et le télégraphe. Elle doit s'arrêter à environ une lieue de Villa, son objectif.

Le régiment Coquimbo et le bataillon Mélipilla, tirés de la 1re division, suivent la plage avec une brigade d'artillerie et le parc de la division.

La 2e division (général Sotomayor), ayant à peu près 6,000 fantassins, se met en marche à 5 heures du soir et prend le chemin B, qui mène près de la *Capilla*, de manière à se trouver dans l'est des collines de San Juan.

L'artillerie de montagne de ces deux divisions reste attelée. La 3e division (colonel Lagos), de près de 5,200 hommes, prend à 7 heures le chemin du télégraphe *α*. Elle a l'ordre de soutenir la droite de la 2e division, et de s'opposer, du côté du nord, aux attaques de l'aile gauche péruvienne.

La réserve (lieutenant-colonel Martinez), comprenant 3,100 soldats, suit la même route peu après avec la batterie des canons Armstrong. Elle doit rester en arrière des troupes, prête à secourir chacune des divisions.

La 2e et la 3e division arrivent à minuit à la *Mesa Tablada*, la réserve s'y trouve seulement à 2 heures du matin. En arrivant aux postes indiqués, les hommes se couchent sur le sable.

La cavalerie, arrivée à 4 heures, et presque toute

Santiago à la disposition du gouvernement. C'était un galant homme qui fut frappé sans avoir pu se défendre. Le colonel Lynch, capitaine de vaisseau avant la guerre, fut récompensé de la conduite heureuse de sa brigade par terre, par sa nomination au commandement de la 1re division, à la place du général.

l'artillerie de campagne, doivent rester à la disposition du général en chef.

Les nombreuses femmes de la suite sont retenues au campement, où deux compagnies gardent les malades et les bagages. On empêche de passer les ânes, dont les cris pourraient éveiller l'attention de l'ennemi.

Les soldats semblent décidés et contents de marcher enfin vers le but si longtemps poursuivi.

En partant, ils mettent le feu aux ramadas (cabanes de feuillage) desséchées. La vallée paraît tout en flammes et la fumée couvre au loin le pays. Les cartouches répandues à terre éclatent par milliers. Ce tableau pittoresque et sauvage nous prépare aux scènes de Chorrillos.

Le général en chef et l'état-major général quittent San Pedro à 10 heures et demie du soir. Nous dépassons rapidement les divers corps, dont l'allure est fort lente. L'artillerie avance à grand'peine. Aux passages difficiles, on détèle une pièce sur deux, pour les traîner successivement avec un double attelage.

L'étendue sablonneuse, sillonnée de longues files noires de soldats, prend sous les rayons lunaires un aspect lugubre.

Les bruits sourds des pas sur le sable et les voix étouffées troublent confusément le silence de la nuit.

Les esprits les plus légers se laissent envahir par une impression mélancolique à l'aspect solennel et triste à la fois de cette masse humaine où la mort va bientôt faire une ample moisson. Les conversations échangées à demi-voix ont une tournure plus grave que la veille. On éprouve de la sympathie pour les compagnons de route que, peut-être, jamais l'on ne reverra plus. Les heures s'écoulent avec une lenteur désespérante dans l'attente de l'inconnu, et l'aube, à notre gré, tarde trop à paraître.

Nous arrivons à 1 heure et demie au pied de la Mesa Tablada, et, après un va-et-vient prolongé, nous pouvons nous accroupir en tenant nos chevaux par la bride.

Des nuages commencent à se former vers 3 heures : bientôt un brouillard humide descend sur les plateaux et voile fréquemment la lune sans obscurcir la nuit.

A 3 heures et demie du matin, le 13 janvier, la 1re division se met de nouveau en marche pour se rapprocher des lignes ennemies. Formée en bataille derrière une ligne de tirailleurs, elle s'avance avec assez de régularité ; à 5 heures elle occupe ses positions.

BATAILLE DE CHORRILLOS.

Première partie (Villa et San Juan).

1re *division à Villa* (Voir carte n° IV). — Au moment de cet arrêt, les défenseurs de Villa qui avaient dès 4 heures aperçu le mouvement, grâce à la vague clarté de la nuit, ouvrent le feu sur les assaillants.

Le bruit de la fusillade, couvert de temps en temps par celui du canon, nous fait sortir brusquement du demi-sommeil auquel nous venions de nous livrer.

Les chevaux hennissent, sont inquiets, s'agitent. On se met en selle précipitamment et le quartier général se transporte au sommet de la colline.

La brume cache complètement le Morro Solar, et

ne laisse voir qu'assez indistinctement les hauteurs qui s'en détachent. Le jour n'est pas encore levé. Aussi l'artillerie de montagne de la 1re division et la batterie de la réserve sont-elles obligées d'interrompre leur feu, car elles ne voient pas de but suffisamment dessiné, et craignent d'atteindre leurs propres troupes.

La division Lynch s'empare assez vite des premières lignes de Villa ; les régiments entassés dans une étendue restreinte, et ne pouvant se déployer, s'avancent sur plusieurs rangs espacés, en arrière des tirailleurs.

La résistance paraissant devoir être plus énergique aux collines K et J, la réserve entre en ligne vers 5 h. 45, peut-être prématurément (ou plutôt elle cesse d'être la réserve, et ce rôle est en réalité celui de la 3e division) ; elle attaque les collines J, I, où l'on entend alors une violente fusillade. Vers 6 h. 10, la défense cesse.

Les soldats de la 1re division avaient, en partie, tourné sur la droite après la prise des positions K, J, pour aider la réserve qui attaque alors les monticules H par la ligne des crêtes. Une fois ces points occupés, la réserve se dirige vers San Juan et s'y arrête en attendant des ordres.

A l'extrême gauche, le Coquimbo et le Mélipilla avaient pris la colline P, et s'étaient reformés dans l'attente vaine de nouvelles instructions.

Escadre.— L'escadre, placée près de la pointe Solar, aide la 1re division en tirant sur les parapets, mais son feu n'est pas très actif. Elle peut craindre de tirer sur les troupes amies, et ne veut pas se risquer du côté de la batterie du Morro, ni vers l'endroit où la présence des torpilles lui paraît probable.

Après avoir vu disparaître le dernier ennemi sur sa droite, la division Lynch oblique à gauche vers les collines L, dont les crêtes lui cachent le Morro Solar, sur lequel on n'aperçoit aucun défenseur.

Cependant Piérola fait approcher des troupes pour défendre Chorrillos et le Morro. Lui-même se porte sur les sommets que doit défendre le ministre Iglésias.

Le Chacabuco et le 4ᵉ de ligne sont alors engagés, suivis de beaucoup d'isolés, principalement du Talca. Les autres régiments viennent aussi les appuyer, mais sans plus d'ordre ; car on attaque plusieurs points à la fois, et l'escalade de pentes irrégulières a produit la dislocation des bataillons et même celle des compagnies.

Les officiers font les plus grands efforts pour tenir dans la main des groupes de soldats que déciment les balles ennemies. La résistance obstinée des Péruviens ralentit encore l'escalade. Une fois arrivés aux lignes de parapets, les Chiliens voient les défenseurs s'enfuir vers Chorrillos par le chemin X ; ils les accompagnent de leurs feux, la fatigue étant trop grande pour que l'on songe à la poursuite.

De 7 h. 10 à 8 heures, le feu est allé en diminuant. Vers 8 heures, la 1ʳᵉ division essaye de reconstituer des groupes avec les soldats des divers régiments confondus.

2ᵉ division (San Juan). — La 2ᵉ division, qui s'est trompée de route par suite du brouillard, arrive en retard au passage V, et sa première brigade n'entre en lutte contre les collines F qu'à 6 heures du matin.

Voici d'abord le *Buin* (1er régiment de ligne) en tirailleurs, un bataillon devant l'autre, appuyé par l'artillerie ; ce régiment s'avance comme à l'exercice, exécutant ses mouvements au clairon. Il ne tire aucun coup de fusil avant d'être à 500 mètres des crêtes : il les aborde rapidement à la baïonnette, malgré les pertes énormes qui éclaircissent ses rangs (1). De rares défenseurs peuvent trouver leur salut dans la fuite. On établit des canons sur ces monticules pour battre la colline E. Le Buin oblique à gauche, pour envelopper les Péruviens enfermés dans San Juan, où les cadavres s'entassent.

De temps en temps, au milieu des soldats, on aperçoit un petit nuage de poussière : c'est une mine qui éclate.

L'*Esméralda* suit à 900 mètres en arrière, ayant un bataillon en tirailleurs, l'autre bataillon en colonne par compagnie. Mais ce dernier est obligé de se déployer aussi, à cause des grandes pertes que lui infligent les balles ennemies. Le premier bataillon se dirige vers la gauche du Buin pour prendre la hauteur voisine et la tranchée, dont les défenseurs lâchent pied au moment de l'attaque. L'autre bataillon appuie sur la droite.

Le Chillan, après avoir suivi en colonne par section, marche en bataille, un bataillon derrière l'autre, puis se déploie presque entièrement en tirailleurs, en obliquant un peu à droite, vers les collines E.

____

(1) Dans la matinée, il a eu plus de 35 p. 100 de son effectif en tués et en blessés.

Après s'en être emparé, il revient vers San Juan et se réunit au reste de la brigade Gana, qui se reforme de 7 h. 1/2 à 9 heures environ. Une compagnie garde les blessés et les rares prisonniers.

La brigade Barbosa, le *Lautaro* en tête, avait à s'emparer des collines E, garnies de 4 canons. L'attaque est soutenue par une partie de la 1re brigade, comme on l'a vu plus haut. Le *Lautaro*, après l'escalade, poursuit, à l'aide du *Curico*, l'ennemi qui ne l'a pas attendu. Le *Curico* va du côté de R ; mais les détachements chiliens sont très dispersés, et les Péruviens, qui se sentent plus près de leurs soutiens, reprennent du courage pour résister.

Charges de cavalerie.

C'est alors (à 7 h. 1/2) que Baquedano ordonne aux grenadiers et aux carabiniers de charger dans la direction du nord.

Les carabiniers s'élancent vers Tèbes. Les grenadiers se précipitent par le chemin de la Palma, le sabre au poing, en faisant entendre un cri étrange, le *Chivateo*, étourdissant et sauvage. Leurs bras se fatiguent à frapper les fuyards éperdus, et l'ardeur de la poursuite les empêche de savoir que leur commandant (Yavar) est tombé mortellement blessé. Ne pouvant plus aller, à cause des difficultés du terrain, la cavalerie revient vers San Juan, poursuivie quelque temps par les canons de Piño.

3º *division.* — La division Lagos avait été retardée aussi par la brume qui ne permettait pas de se diriger au milieu d'ondulations sablonneuses dépourvues de tout indice de reconnaissance. Des guérillas (lignes de tirailleurs) du Santiago et du bataillon Naval avaient délogé les Péruviens embusqués au nord de la colline D.

Suspension du combat à la droite des Chiliens.

Sur la droite chilienne, tout combat avait cessé après 8 heures. Le général en chef parcourait cette partie du champ de bataille, recevant des acclamations, et l'on se félicitait entre amis d'être sortis sains et saufs de la mêlée (refrièga). La cavalerie et l'artillerie faisaient paître leurs chevaux. Des soldats erraient dans les champs à la recherche de pastèques et de patates douces. Certains corps recueillaient leurs blessés. C'était une période de repos pour la 2e et la 3e division.

Mines. — On mit sur un cheval un Péruvien prisonnier pour indiquer la position des mines et des bombes automatiques qui éclataient à la pression d'un corps quelconque (soldats, chevaux, etc.). Mais il y en avait de toutes parts. Les officiers péruviens eux-mêmes n'en connaissaient pas toujours la place. Aussi, après quelques accidents, les soldats furent-ils très circonspects pour sortir en avant de leurs parapets.

Ce moyen de défense, qui tua peu d'ennemis, en somme, fut très nuisible à ceux qui s'en servirent. Il paralysa certains mouvements et, surtout, produisit chez les Chiliens une exaspération à laquelle on peut attribuer le si grand nombre de victimes des premières heures.

Échec momentané de la première division.

La 1ʳᵉ division croit n'avoir plus qu'une ligne à prendre, et le colonel Lynch donne l'ordre d'avancer pour s'emparer de ces positions dont la chute doit, à son avis, assurer la victoire. Il fait prévenir le général en chef qui n'avait alors aucun renseignement sur sa gauche.

Tout à coup, vers 8 heures et demie, les canons de tout le massif du Solar ouvrent le feu sur l'armée chilienne. Les soldats avancent à peine, car de ce côté le mont offre des parois coupées à pic, ou des pentes rapides avec des sentiers de chèvres où l'on glisse souvent sans pouvoir se retenir. Les balles et les boulets font de grands ravages et jettent le trouble dans les rangs.

Les soldats hésitent. Les Péruviens renforcés reprennent courage, sortent de leurs retranchements, et ramènent en arrière le 4ᵉ de ligne, l'Atacama et le 2ᵉ de ligne qui sont obligés de revenir dans les positions précédemment conquises et même d'en laisser deux au pouvoir de l'ennemi. Le 2ᵉ de ligne, le même qui avait perdu son drapeau à Tarapaca, combattit en désordre toute la journée.

Le colonel Lynch, avec son chef d'état-major fait des efforts surhumains pour rallier les soldats. Il les exhorte, leur montre le pavillon chilien flottant déjà sur un point du mont, et fait instamment demander des renforts au général en chef (9 heures et demie). Mais les forces sont exténuées, le désordre est trop grand. Il faut reprendre haleine. De 10 heures à 10 heures et demie on s'arrête.

Renforts à la gauche.

Les renforts demandés approchent ; les sapeurs et le 3ᵉ de ligne viennent de San Juan, par le nord, entre Chorrillos et la place actuelle de la division ; la brigade Barcelo (de la 3ᵉ division) arrive par la gauche L. Le Coquimbo et le bataillon Mélipilla, après une longue inaction, se sont, de leur propre mouvement, mis en marche pour escalader le Morro Solar par le sud.

Ils réussissent dans leur entreprise, et plantent leur drapeau au moment même de l'échec de la 1ʳᵉ division.

Jusqu'à 10 h. 1/2 il n'y a plus que de rares détonations.

Dès 9 h. 1/2 les batteries de montagne de la division Sotomayor (2ᵉ) se sont dirigées vers Chorrillos pour ouvrir le feu contre la ville et les édifices extérieurs. La brigade Gana, l'Esméralda en tête, s'avance appuyée par la brigade Urriola, pour s'emparer de la ville. La cavalerie reste au milieu de la plaine, non loin de San Juan.

2ᵉ *partie de la bataille (Morro Solar, Chorrillos).*

A 10 h. 1/2 environ, presque simultanément sur les divers points, commence une seconde bataille, celle de Chorrillos proprement dite.

L'Aconcagua et le Santiago, qui n'ont pas encore combattu, montent avec rapidité les pentes du sud-est du Morro Solar, faisant reculer leurs adversaires pendant que le Coquimbo et le Mélipilla, plus à gauche, gagnent aussi du terrain.

5

Les sapeurs et le 3ᵉ de ligne, par la gorge Y, se dirigent à grand'peine vers les sommets, sous un feu très violent, surtout à 11 heures.

Batteries chiliennes.

L'arrivée du 3ᵉ ligne a dégagé les trois batteries de montagne du major Jarpa. Les chasseurs à cheval envoyés du côté de Chorrillos, revenaient en arrière, car ils ne pouvaient plus franchir les obstacles du terrain. Découvertes par ce mouvement, les batteries avaient vu l'infanterie péruvienne sortir de ses abris et s'avancer jusqu'à 50 mètres des pièces, malgré leur tir à mitraille et le feu des Winchester. La 1ʳᵉ division, ayant eu le temps de se remettre, et voyant les renforts déjà aux prises avec l'ennemi qui faiblit, reprend son escalade (de *Z* vers *X*).

A midi, les batteries de campagne des capitaines Niéto et Montauban font des feux d'ensemble sur le Morro del Fraile. Les coups portent bien. Cependant la batterie péruvienne, bien qu'abritée seulement du côté de la mer, riposte longtemps par des coups lents, mais bien dirigés.

A midi et demi, les sommets M du Morro Solar sont occupés par le Coquimbo et la brigade Barcelo. (Les batteries chiliennes ne connaissant pas ce succès tirent encore un certain nombre de boulets qui tombent au milieu de leurs troupes).

Les Péruviens sont refoulés sur le sommet N, puis dans l'espace entre N et O.

Piérola, voyant la fortune tourner contre lui, s'est déjà retiré à Miraflores. Les défenseurs du Morro s'enfuient en grand nombre par la plage, sous le feu du Buin qui occupe la falaise.

Prise de la ville.

Pendant ce temps se livrait dans Chorrillos un combat acharné des deux côtés. Les Péruviens font un tir nourri des terrasses et des fenêtres. Les Chiliens enfoncent les portes, pénètrent la baïonnette en avant, ou mettent le feu. Personne ne demande de quartier, tant la lutte est vive. L'attaque est obligée parfois de suspendre sa marche; on avance de rue en rue, de maison en maison. Plus d'un groupe préfère s'abîmer dans les flammes, malgré les propositions faites par le commandant de l'Esméralda. Les défenseurs d'une maison tuent même un officier péruvien prisonnier envoyé pour leur dire de se rendre. Mais, assaillis de tous côtés par la flamme et les balles, les Péruviens ne peuvent continuer la résistance.

Vers la fin du combat, un train venant de Miraflores avec des troupes et des canons en position de tir dut rétrograder sous le feu des batteries chiliennes.

Fin de la bataille.

Les derniers coups de fusil sont tirés au Morro del Fraile, où près de 2,000 hommes, ayant la retraite coupée, soutiennent jusqu'à 2 heures les attaques des diverses forces maîtresses des hauteurs.

La bataille cesse alors.

On ne songea pas à poursuivre longtemps les fuyards. Les lignes de Miraflores étaient intactes; les troupes n'avaient rien mangé depuis la veille, si ce n'est un peu de biscuit et de charqui (lanières de viande séchées au soleil). Une nuit sans sommeil, après une longue route dans le sable, suivie d'une journée de combat sur un terrain difficile, sous un soleil des tropiques, avait abattu les forces.

Les troupes campèrent aux places qu'elles occupaient à la fin de la bataille ; la division Lynch au pied du Morro Solar. Il fallait réunir les dispersés errant par les champs et dans la ville (rude tâche qu'on ne put accomplir), et recueillir les blessés épars sur une étendue de 30 kilomètres carrés.

Pertes.

On connaît peu les pertes de ce jour. Les Chiliens auraient eu 2,500 tués ou blessés, et les Péruviens environ 5,000 hommes hors de combat (on a dit jusqu'à 8,000) ; chez ces derniers la proportion des morts était beaucoup plus grande que chez les vainqueurs. Mais on ne saura jamais le chiffre exact. Il y eut 1700 prisonniers à peu près, provenant pour la plupart du Morro del Fraile.

Les Péruviens ont eu 3 généraux blessés, 8 colonels tués et 4 blessés. Parmi les prisonniers, nous avons vu le ministre de la guerre, Iglésias, le colonel Piérola (frère du dictateur), blessé à la main, et 10 autres colonels. Il ne faut pas perdre de vue qu'au Pérou le nombre des colonels est considérable.

Utilisation relative des trois armes.

Les deux tiers de l'armée chilienne étaient entrés en ligne pour combattre sérieusement.

Certains régiments chiliens, le Buin surtout, ont fait preuve d'un entrain fort remarquable (empuje), avançant résolument sur un terrain entièrement découvert, sous un feu précipité, au milieu de nombreuses mines automatiques.

Les murs nombreux séparant les propriétés cultivées, firent limiter l'emploi de la cavalerie à deux charges contre des troupes débandées.

54 canons chiliens ont servi, mais très inégalement. Une brigade de 11 pièces de montagne a tiré 1300 coups. D'autres tirèrent moins de 10 coups par pièce. Dans certains feux de batterie, on voyait les boulets arriver, bien groupés près du but (ce sont les officiers qui pointent). L'effet matériel n'a pourtant pas été fort grand. Ainsi, dans la batterie *o*, exposée à un feu violent, une seule pièce a été atteinte.

Incendie de Chorrillos.

La lutte soutenue dans Chorrillos fut fatale à cette charmante ville (1), malgré les efforts du général en chef, qui s'installe au centre du plus beau quartier, dans le splendide hôtel d'un ancien président du Pérou. Des piquets de cavalerie essayent de faire sortir de la ville les trop nombreux soldats dispersés après la victoire, mais c'est en vain.

L'incendie que personne ne peut combattre, s'étend avec rapidité au milieu de constructions légères et sèches. De la terrasse du quartier général, nous voyons les flammes, poussées par la brise du large, s'avancer comme des vagues à l'assaut de notre de-

---

(1) Chorrillos est le Trouville du Pérou. Pendant la saison chaude (janvier-avril), les riches habitants de Lima y vivent dans de véritables palais.

meure ; on apprend que des dépôts de cartouches et d'obus se trouvent dans le voisinage. Il n'y a plus à hésiter. A 8 h. 1/2 du soir, nous remontons à cheval malgré la fatigue qui nous accable, et nous suivons le général en chef à la recherche d'un autre asile du côté de la campagne.

C'est un spectacle terrible qui restera profondément gravé dans la mémoire de tous ceux qui l'ont vu. Les maisons embrasées s'écroulent avec fracas, éclairant des monceaux de cadavres à moitié carbonisés.

On entend parfois siffler dans le cortège des balles lancées au hasard par des soldats errants.

Pendant toute la nuit retentissent des coups de feu. Les cartouches répandues dans les maisons crépitent ; les obus éclatent au milieu des brasiers ; on dirait une nouvelle bataille.

Trois jours après, l'incendie durait encore, dévorant les derniers groupes de constructions. Il restait à peine deux ou trois belles maisons isolées. L'une d'elles, propriété française, fut préservée au prix d'efforts constants, et grâce au concours amical de chefs chiliens.

Ouvertures faites aux vaincus.

Le général en chef, regardant la bataille comme décisive, et voulant épargner aux Péruviens l'amertume des premières démarches, envoie, dès le 14 au matin, offrir à Piérola de négocier la paix.

Le député Errazuriz, secrétaire du ministre de la guerre, part, accompagné du ministre péruvien prisonnier. Il doit déclarer que l'honneur du Pérou est sauf, après une journée si fortement disputée, et appeler l'attention sur la nécessité d'éviter à Lima le sort de Chorrillos. Piérola, qui était alors à Miraflores, ne veut recevoir qu'un envoyé muni de pleins pouvoirs pour traiter. C'était un refus déguisé.

Pendant ce temps la 1re division se place en avant de Chorrillos et la 3e à l'entrée de Barranco. La 2e division reste près de la ville, le régiment Esméralda occupant l'hôpital, plein de blessés et de prisonniers.

Avec l'aide des Chinois, on continue la recherche des blessés et l'inhumation ou la crémation des morts, mais, encore plusieurs jours après, à Chorrillos, comme à Miraflores, il reste en plein soleil des animaux tués et même des cadavres humains, répandant une odeur fétide et suffocante.

Entrevue des ministres étrangers avec Baquédano.
Trêve d'un jour.

Dans le milieu de la nuit du 14 au 15, arrivent au quartier général deux officiers neutres attachés à l'armée péruvienne (1). Ils portent une lettre du corps diplomatique, demandant une entrevue au général en chef.

Le 15, à 7 heures du matin, un train spécial amène

---

(1) Assez longtemps après le départ des officiers neutres pour le camp chilien, on avait envoyé, au même titre, des officiers des mêmes nations à l'armée péruvienne. Les Allemands s'abstinrent encore cette fois. L'officier français désigné pour remplir cette mission, était **M.** le lieutenant de vaisseau Ratomski, de l'aviso le *Hussard*.

à Chorrillos les ministres de France et d'Angleterre avec leur doyen, le ministre de San Salvador. Tous trois sont conduits à la tente de Baquedano, entre Chorrillos et San Juan.

Venant demander des garanties pour les biens et les personnes des neutres, les ministres indiquent en même temps la possibilité d'ouvrir de nouvelles négociations pour traiter de la paix (1). On discute les bases d'un armistice pour lequel le général chilien demande la remise du Callao et des navires péruviens s'y trouvant encore ; il accorde, en attendant, une suspension d'armes jusqu'au minuit suivant.

Il s'engage à ne pas commencer les hostilités, tout en gardant sa liberté de faire exécuter tels mouvements qu'il jugerait convenables pour placer ses troupes. Les ministres rejoignent le camp péruvien, et Baquédano prend alors les dispositions suivantes :

Placement des troupes (Voir carte nº III).

La 3ᵉ division se place en avant de Barranco (2) et se couvre par une ligne de tirailleurs du Santiago et du bataillon naval. La division Lynch doit s'étendre à la droite de la 3ᵉ pour former le *centre*; la *droite*, comprenant la 2ᵉ division reste à Chorrillos.

---

(1) Dans la région comprenant Lima et le Callao, on compte environ 25,000 étrangers dont 3,000 Allemands, 2,000 Anglais, 500 Américains du Nord, 2,800 Français et 17,000 Italiens.

(2) Barranco, station balnéaire moins importante que Chorrillos, était en flammes depuis la veille sur l'ordre du colonel Lagos qui voulait empêcher ses soldats d'y trouver à boire.

L'escadre étant venue au mouillage après la prise de la ville, on convient avec l'amiral Riveros que les navires ouvriront le feu contre les lignes péruviennes, dès que la bataille s'engagera.

L'artillerie de montagne reste avec chaque division. On fait ces changements successivement et sans hâte, avec l'assurance que rien ne se passera avant le lendemain. On remet un peu d'ordre dans les régiments en reconstituant les diverses fractions; on commence à distribuer des munitions.

L'artillerie de campagne se met en mouvement dès le matin pour occuper ses positions en avant de Barranco; elle abat les murs et les buissons qui peuvent gêner le tir.

Les Péruviens, de leur côté, font venir leurs dernières troupes de Lima et du Callao. Les trains se succèdent sans intervalles. Comme leurs adversaires, ils placent leurs forces pour la bataille prévue. Néanmoins les chefs de l'armée chilienne s'en montrent mécontents; plusieurs demandent à empêcher les ennemis d'agir et même le colonel Velasquez, commandant l'artillerie, offre de balayer les routes d'arrivée avec ses canons déjà en position. Il réclame une protection pour ses batteries exposées.

La division Lagos reçoit l'ordre de prendre entre Miraflores et Barranco, derrière une ligne de tapias, les positions que le commandant de l'artillerie juge les plus utiles pour cette protection. La cavalerie se met dans Barranco.

Action des neutres.

Dans ces derniers jours, avant l'attaque de Chorrillos, le contre-amiral Bergasse du Petit-Thouars, commandant en chef la division navale du Pacifique (1), le contre-amiral anglais et le commandant de la division navale italienne, s'étaient établis à Lima, avec quelques marins, pour veiller par eux-mêmes à la protection de leurs nationaux. Leur présence allait considérablement aider l'action de leurs ministres durant les événement dramatiques qui se succédèrent rapidement.

Le jour même de la trêve, les ministres et amiraux étrangers s'étaient rendus à Miraflores, auprès de Piérola, pour l'engager à traiter, et le dictateur, après s'être montré décidé à lutter jusqu'à la dernière extrémité, paraissait disposé à céder aux conseils de tous, et plus particulièrement aux arguments de l'amiral du Petit-Thouars, auquel l'opinion publique attribuait un grand crédit auprès du chef suprême.

Les soldats péruviens font feu sur Baquédano.

A 2 heures, tous étaient réunis autour de la table présidentielle pour faire « las once » (le lunch), quand un incident imprévu vient hâter la marche des événements et leur donner un sanglant dénouement.

Le général Baquédano faisant, avec un nombreux état-major, une reconnaissance du côté de la fortification C, était arrivé très près des lignes ennemies.

Tout à coup, vers 2 h. 1/4, de nombreux coups de

---

(1) Le cuirassé de station la *Victorieuse* était arrivé au Callao, la semaine précédente, après avoir fait rentrer dans l'ordre les indigènes d'Hiva-Hoa (Marquises).

feu tirés sur le groupe l'obligent à une retraite rapide.

Personne n'est touché, mais le feu devient plus nourri, et les boulets ne tardent pas à tomber. Les premières lignes chiliennes prises à l'improviste ripostent assez promptement, ainsi que l'artillerie.

Les ministres et les amiraux neutres doivent quitter la ville où pleuvent les projectiles chiliens, et se retirer à pied, à travers la campagne, en courant de véritables dangers, jusque dans Lima, où courut le bruit que l'amiral anglais avait été tué. Les navires neutres reçurent les nouvelles les plus diverses, et se tinrent en branle-bas de combat prêts à tout événement.

Les Chiliens ont voulu croire que l'attaque était préméditée de la part de Piérola. Quant à nous, nous croyons que, comme il arrive souvent à la guerre, la bataille fut engagée fortuitement. Baquédano eut le tort d'aller trop près des lignes ennemies, un général le lui disait en ce moment même. La vue d'un nombreux groupe d'officiers a dû tenter quelques soldats, ou plutôt ces derniers ont cru que c'était une attaque. Il ne faut pas oublier que l'armée péruvienne comptait un grand nombre de cholos à demi-civilisés. Du reste, cette armée n'était pas capable de prendre l'offensive.

Bataille de Miraflores (15 janvier).

Il y a un moment de surprise et de confusion. Les troupes accourent en criant : « Trahison ! Tuons-les tous ! Qu'il n'en reste aucun ! » (Traicion ! Matemos a toditos ! Dejemos a ningunito !)

Les grenadiers à cheval reculent pour se placer derrière l'infanterie, dans Barranco.

Escadre. — Peu après, à 2 h. 40, l'escadre, comprenant le *Blanco*, le *Huascar*, l'*O'Higgins*, la *Pilcomayo* et le *Toro*, ouvre le feu avec les pièces du pont, peu nombreuses (le *Cochrane* surveillait le Callao avec d'autres navires, pour empêcher la sortie de l'*Union*). Les divers bâtiments restèrent sous vapeur sur la ligne allant de la pointe du Callao à la pointe Fraile.

Ils étaient à 4,000 mètres en moyenne de la batterie Ugarte, et prenaient obliquement les lignes de Miraflores. La houle gênait le tir. Aussi, bien des boulets tombaient au pied ou à mi-hauteur de la falaise. Mais la plupart atteignirent soit la batterie, soit les lignes. La pièce α de l'ouvrage B (péruvien) tombe dans le fossé, le terre-plein ayant été démoli par le tir de l'escadre.

Situation critique des Chiliens.

Pendant une heure, les forces du colonel Lagos (1) soutiennent l'effort de l'ennemi, qui sort audacieusement de ses retranchements pour tirer parti du trouble du début. Les Péruviens s'éloignent de la côte pour éviter le feu des navires et envelopper la droite de la division, malgré l'arrivée de groupes éparpillés de la réserve.

---

(1) C'est le colonel Lagos qui avait la réputation militaire la mieux établie dans l'armée. Homme énergique, peut-être même cruel, il avait brillamment pris Arica.

La position est assez grave pour que le commandant général de l'artillerie, inquiet des nombreux vides survenus parmi ses hommes, témoin du flottement de l'infanterie, craigne pour ses pièces et donne l'ordre de les porter à 1500 mètres en arrière. Il se prépare à protéger une retraite qui lui paraît imminente. Une fois les canons établis sur le bord de la falaise et à droite de Barranco, on recommence le tir, dont la précision nous semble très grande, particulièrement à la batterie Armstrong.

Les deux bataillons d'infanterie Mélipilla et artillerie de marine appuyant beaucoup trop à droite, en arrière de la ligne de bataille, s'égarent dans les chemins en zigzag et n'arrivent qu'à la nuit à la hauteur de la gauche péruvienne.

La brigade Gana attend, l'arme au bras, des ordres à Chorrillos. La brigade Barbosa oblique à droite, vers Valverde, pour s'opposer aux attaques de flanc des forces placées entre ce hameau et Monterico Chico, mais la route à parcourir est longue et embarrassée.

Armée en désordre.

Ce jour-là, les régiments furent loin de présenter la même cohésion que le 13. La plaine était couverte d'isolés rejoignant, mais sans se hâter, leurs corps déjà au feu. Nous en vîmes un très bon nombre se reposant derrière des haies à l'abri des balles et du soleil. Beaucoup cherchaient de la boisson dans les tentes d'officiers abandonnées précipitamment. La présence de soldats ivres et armés, parfois indiscrets, nous faisait presser nos chevaux fatigués pour nous rapprocher de la zone d'action.

C'est à cet émiettement des forces qu'on doit le chiffre élevé de pertes parmi les officiers. Ils étaient obligés de se mettre en avant pour entraîner les soldats groupés sans ordre, appartenant à des compagnies différentes.

Nous croisons et saluons le colonel Martinez, commandant la 1re brigade, que l'on emporte agonisant.

Beaucoup de blessés vont à pied, en s'appuyant sur leur fusil, chercher vers Chorrillos des secours qui manquent près de la ligne de bataille.

Des deux côtés, le soldat s'est montré très dur au mal : malgré des blessures horribles, nous avons entendu peu de cris. Le *roto* chilien (1) a de la force de résistance : chez le *cholo*, c'est de la résignation mélancolique.

Succès de la division Lagos.

La solidité de la division Lagos donnant à la division Lynch le temps d'accourir, décide du sort de la journée. Ce secours opportun arrête de ce côté le mouvement des Péruviens, qui détachent des forces avec de la cavalerie, vers leur gauche, pour essayer de prendre de flanc la 1re division avant qu'elle ne soit en ligne.

Les carabiniers de Yungay reçoivent l'ordre de

---

(1) Roto signifie déguenillé. Ce surnom du peuple chilien des basses classes était passé en usage depuis la guerre, pour désigner le soldat.

Le cholo représente, au Pérou, le mélange de la race indigène avec la race blanche.

charger ; la cavalerie péruvienne évite le choc, et les murs empêchent la charge contre l'infanterie.

Mais le mouvement offensif de l'ennemi cesse (vers 4 heures 1/4), tandis que commence la marche en avant des Chiliens. Le colonel Lagos jette 3 régiments contre la première ligne de tapias, qu'ils enlèvent à coups de fusil, la baïonnette au bout du canon.

La division entière, ainsi que la réserve, s'élance à l'attaque par groupes indistincts. Elle va de mur en mur, s'empare des positions entre la mer et Miraflores (à 5 heures 1/4), et prend de flanc les défenseurs, qu'elle rejette vers le centre. Ici le feu est très vif, à 5 heures environ, du côté des ouvrages C, D, où la 1re division, qui a été un instant compromise, avec des munitions insuffisantes et des troupes désorganisées, voit décimer ses files.

L'artillerie du major Gana, placée près de Tèbes, est obligée de ralentir le feu, faute de munitions.

Les carabiniers essayent une nouvelle charge, avec le ministre de la guerre à leur tête. Le terrain trop coupé de murs les oblige bientôt à s'arrêter. Les grenadiers, qui n'ont pas pu s'approcher de la ligne de bataille, se retirent pour chercher un chemin praticable. Les canons du Mont San Bartolomé les poursuivant avec un tir très juste, envoient leurs obus dans les derniers rangs. Ces mêmes canons tirent efficacement contre les pièces de montagne placées du côté de Tèbes.

Déroute des Péruviens.

Au centre, les Péruviens, sous Cacerès et Davila,

rassemblent les troupes disponibles pour faire un dernier effort ; de nombreuses mines éclatent ; mais rien ne fait, la ligne est prise de flanc. Les ouvrages B, C, D, E, sont tournés et pris à revers.

Les vaincus laissent derrière eux des monceaux de cadavres qui témoignent d'une résistance énergique.

A l'aile gauche péruvienne, au delà de Valverde, 10 bataillons de la réserve, sous les ordres d'Échenique, ne tirent pas un coup de fusil.

On assure que, voyant la bataille perdue, les chefs de cette réserve auraient dit : Chacun chez soi ! (*Cada uno en su casa !*) ou Sauve qui peut !

Nous avons vu ces retranchements remplis de caisses de cartouches intactes.

A 6 heures la déroute est complète. Un train arme de canons est obligé de se retirer. Le San Bartolomé continue à tirer jusqu'à la nuit close. La charmante ville de Miraflores est en flammes à son tour. Mais l'isolement des maisons au milieu de jardins rend la destruction moins complète qu'à Chorrillos.

La 1re division reste près de la Palma, la 3e à Miraflores, la 2e en arrière. Des corps entiers reviennent jusqu'à Chorrillos, à la débandade, pour prendre du repos et chercher de la nourriture. Sur plusieurs points, la distribution ne se fait pas, ce qui cause des murmures.

Dans ce combat, l'artillerie de terre, quoique bien maniée, n'a pas encore produit un grand effet. Le champ de bataille est étendu, et les murs en terre se laissent traverser facilement. Les gros obus de l'escadre ont été plus efficaces, au moins moralement. La nature du terrain, très coupé de murs, a rendu la cavalerie pour ainsi dire inutile.

Pertes.

Le 15, les Chiliens ont eu plus de pertes (3,000 tués et blessés environ) que le 13, bien que le combat ait été plus court et les combattants moins nombreux des deux côtés : c'est que l'on combattait plus en désordre. De plus, à courte distance, l'horizontalité du terrain favorisait beaucoup le tir des Péruviens.

Les trous percés dans les murs de terre sèche recevaient les canons de fusil, et l'on tirait droit devant soi, souvent sans viser.

Au contraire, les Péruviens paraissent avoir été bien moins éprouvés qu'à la première bataille. Leur retraite était assurée, et la venue de la nuit, coïncidant avec la fin de la lutte, empêcha la prolongation de la poursuite. On a dit bien des chiffres divers ; nous croyons que la vérité approche de 3,000 hommes hors de combat pour Miraflores.

Venue d'officiers neutres au quartier général.

Au milieu de la nuit du 15 au 16, 3 officiers des marines étrangères (un Anglais, un Italien et le lieutenant de vaisseau Roberjot, secrétaire du contre-amiral du Petit-Thouars, ayant traversé, en s'exposant à de sérieux dangers, les débris extrêmement désordonnés de l'armée péruvienne et les lignes chiliennes, arrivent à l'état-major général, près de Chorrillos. Ils ont la mission de demander au général en chef qu'il ne fasse pas entrer ses troupes sans avoir écouté les ministres étrangers. Deux d'entre eux repartent avant le jour pour obtenir que Piérola défende aux forts d'ouvrir le feu le matin. L'officier anglais attend les communications de Baquédano.

Piérola était parti la nuit, sans qu'on sût la route prise par lui. La capitale restait sous la seule direction de l'alcade don Rufino Torrico.

Dans ces jours néfastes pour son pays, ce magistrat fit preuve d'un courage civique et d'une dignité au-dessus de tout éloge.

Reddition de Lima, intervention des neutres.

A 2 heures de l'après-midi, le 16, il vient au quartier général pour rendre la ville sans condition, demandant le temps de désarmer les forces qui s'étaient réfugiées dans Lima. Avec lui se trouvaient, pour interposer leurs bons offices dans cette épreuve douloureuse et pour veiller à la sauvegarde des intérêts étrangers :

1º Les ministres de France et d'Angleterre ;

2º Le contre-amiral Bergasse du Petit-Thouars, commandant en chef la division navale française du Pacifique ;

3º Le contre-amiral anglais du *Triumph ;*

4º Le chef de la division navale italienne.

Les Chiliens, contenus par la présence de ces autorités, montrèrent une grande modération et prirent toutes les mesures nécessaires pour entrer avec ordre et tranquillité dans la Ville des Rois, objet de leurs ardentes convoitises.

Désordres dans Lima.

Après la déroute de Miraflores, aucune fraction

des troupes péruviennes n'était restée constituée. La plupart des soldats, jetant leurs armes et leurs équipements, s'étaient retirés dans leurs demeures, où personne ne les inquiéta. Beaucoup ne firent que traverser Lima pour gagner l'intérieur du pays en passant par le nord. C'étaient surtout les Serranos (habitants de la montagne). Quelques chefs militaires dévoués, voyant que c'en était fait de tout espoir de résistance, et qu'il était urgent d'éviter tout conflit avec les vainqueurs, aidèrent l'alcade, en désarmant les bandes qui erraient dans la ville en désordre et sans chefs. Mais ils ne purent achever leur pénible tâche; et, le soir du 16, des groupes de soldats affamés, démoralisés, irrités par leur défaite, envahirent les pulpérias chinoises (sortes d'auberges) autour du marché. Excités par la boisson, encouragés par leur nombre, ils saccagent et brûlent les riches magasins chinois du voisinage. Ceux qui veulent s'opposer à la destruction de leurs richesses sont massacrés.

A ce moment critique, Lima se trouvait sans autorités, sans police. Car Piérola, quelques jours auparavant, avait licencié la garde urbaine. Comme à Santiago du Chili, cette garde, composée d'étrangers organisés en corps par nationalités différentes, avait fait la police de la ville, en l'absence de la troupe. En outre, d'une manière permanente, des compagnies de pompiers, parfaitement exercées, sont constituées par ces mêmes étrangers, qui rivalisent de zèle, de luxe même, pour l'entretien de leurs pompes. — Les coups de feu tirés par les misérables qui s'étaient répandus dans les autres quartiers mettent la ville en émoi. L'isolement et le manque d'armes retenaient les plus résolus chez eux, d'autant plus qu'on ne pouvait se rendre un compte exact des événements.

Cependant cette situation ne pouvait durer longtemps. Bravant le danger, M. de Champeaux (1), ancien capitaine de vaisseau de la marine française, parvient de très bonne heure, avec l'aide de plusieurs hommes courageux, à désarmer quelques traînards. On se réunit aux postes des pompes, et l'on s'occupe d'éteindre les incendies.

D'autres armes, données par l'alcade, permettent de constituer de solides patrouilles, qui purgent la ville des fauteurs de troubles et des criminels, après des exécutions nécessaires. Des Péruviens concourent aussi au rétablissement de l'ordre.

Des scènes semblables amenèrent au Callao des représailles sévères contre les coupables.

Les Péruviens détruisent leurs navires.

Toute la nuit du 16 au 17, on entend des détonations très fortes provenant des canons que l'on détruit et de mines que l'on fait éclater. On essaye vainement de faire sauter les forts du Callao.

La corvette *l'Union* tente une sortie que la présence de torpilleurs ennemis arrête bientôt : elle va s'échouer à la côte, et son équipage l'abandonne après

---

(1) Directeur du Muelle y Darsena, port de commerce du Callao. Cette haute situation et sa grande valeur personnelle l'avaient désigné aux suffrages des étrangers quand il s'était agi de nommer le commandant général des gardes urbaines.

l'avoir incendiée. Le monitor *Atahualpa* est coulé près du port. Les transports sont incendiés et coulés.

Entrée des Chiliens à Lima.

Le général Baquédano, mis au courant des événements par l'alcade, reconstitue les régiments les plus disciplinés, le Buin, les sapeurs, le bataillon Bulnès, et deux régiments de cavalerie. Ces troupes font une tranquille entrée le 17, à 4 heures du soir.

Le *Bulnès*, composé du corps de la police de Santiago, est chargé de ce service dans Lima, concurremment avec la garde urbaine rétablie.

Le général Saavédra, inspecteur général de l'armée, prend le titre de préfet de la capitale, tandis que le colonel Lynch (1) est nommé préfet du Callao, que la 1re division occupe.

Les autres troupes viennent successivement camper aux alentours de Lima.

L'escadre chilienne peut occuper le mouillage du Callao après un long et fastidieux blocus. Les torpilles en zinc placées durant la guerre avaient été rapidement mises hors de service par l'action rongeante de l'eau de mer.

Le 18 au matin, Baquédano fait son entrée sans éclat, avec l'état-major général. Au moment de l'arrivée en ville, un certain nombre de balles sifflèrent au milieu du cortège ; il y eut un peu d'émotion. Quelques esprits excitables crurent à une tentative d'assassinat contre la personne du général

---

(1) Il est nommé contre-amiral au mois d'avril suivant.

en chef; — mais les cavaliers de l'escorte reviennent bientôt expliquer les faits. Des prisonniers de droit commun avaient brisé les portes de la prison Guadalupe et s'étaient emparés de quelques armes. Les soldats du Buin et la garde urbaine les réduisirent, après la courte fusillade qui nous avait surpris.

Fin de la mission neutre.

Le 19 janvier, suivant les ordres du contre-amiral du Petit-Thouars, commandant en chef notre division navale, nous prenions congé du général Baquédano, en le remerciant pour les égards pleins de cordialité dont nous avions été l'objet de la part de tous, généraux, chefs et officiers, pendant notre séjour à l'armée chilienne.

Nous remplissons un devoir agréable en exprimant ici notre reconnaissance envers le général Villagran, le général Marcos II Maturana (1), chef d'état-major général et le colonel Gana (2), commandant une brigade, pour l'amitié toute particulière qu'ils nous ont montrée.

---

(1) Le général Maturana s'est toujours montré l'ami des Français. Il a offert au Louvre d'assez importantes antiquités péruviennes. Sur la demande de nos nationaux résidant au Chili, la croix d'officier de la Légion d'honneur lui a été donnée. D'une bravoure à toute épreuve, il a fait la campagne malgré l'état précaire de sa santé.

(2) Le colonel du génie don J.-F. Gana a suivi les cours de l'École d'artillerie à Metz, il y a plus de trente ans. C'est un homme modeste et vaillant.

Nous voudrions pouvoir citer tous ceux qui par leurs témoignages de sympathie, comme le général Sotomayor, les chefs de régiment Toro Herrera, Holley, Aristide Martinez, Pinto Agüero, Zaldivar et tant d'autres, nous ont rendu agréable cette courte, mais pénible campagne.

Le souvenir de ces bonnes relations, notre situation désintéressée dans la lutte, et, d'autre part, les égards dus aux nations malheureuses, tout nous faisait une obligation de garder la plus stricte impartialité dans l'exposé des évènements de cette période.

Peu de jours après, notre navire appareillait pour rentrer en France, et terminer une campagne de trois ans.

Rôle de la marine neutre.

Par leur nombre, leurs richesses, leur influence sur le développement du pays, les étrangers ont, au Pérou, une importance bien plus grande qu'on ne pourrait le supposer. Aussi les principales nations maritimes étaient-elles représentées dans l'Océan Pacifique par un groupe de navires assez considérable pour obliger les belligérants à ménager les intérêts de leurs nationaux.

Pendant cette période troublée, la marine, allant d'un port bloqué à l'autre, sur des rades foraines où l'on roule autant qu'à la mer, a joué un rôle efficace d'influence morale et de protection.

Elle a facilité grandement le départ des familles quittant la capitale menacée ou les villes occupées par les vainqueurs, et, dans plusieurs circonstances critiques, donné un asile généreux à de nombreux réfugiés.

Les relations entre les Péruviens et les Anglais ne furent pas des plus cordiales, soit que ces derniers eussent trop montré leurs sympathies pour les Chiliens, soit que les Péruviens n'eussent pas toujours gardé la réserve commandée par leur situation difficile.

Ainsi, le 29 mai 1880, on fit, à Lima, une cérémonie en l'honneur du combat soutenu trois années auparavant par le *Huascar* contre les navires anglais l'*Amethyst* et le *Shah*. A cette époque, le *Monitor* était au pouvoir de Piérola qui cherchait à renverser le gouvernement établi. Devenu dictateur, il institue l'ordre du Mérite le jour même de l'anniversaire, et nomme, parmi les premiers titulaires, ses anciens compagnons dans cette lutte honorable pour le navire péruvien.

Les Italiens étaient tenus en suspicion des deux côtés pour des raisons de sentiment plutôt que pour des griefs réels.

Quant à la marine française, sa conduite impartiale et prudente, en même temps que ferme et dévouée, lui a concilié les sympathies de chacun des peuples belligérants.

Précautions prises pour sauvegarder les personnes.

Dans la prévision d'une entrée de vive force, de nombreuses femmes s'étaient réfugiées, avec leurs enfants, à bord des navires de guerre, sur plusieurs navires de commerce et, surtout, sur des pontons pour la plupart offerts et aménagés par l'administration du port de commerce du Callao (1).

Les hôtels des légations et diverses maisons particulières avaient servi de lieux de refuge pour les femmes, les enfants et les vieillards, sous la direction d'officiers des marines neutres.

Campement de refuge à Ancon.

Ce petit port, situé à 35 kilomètres au nord de Lima, vit plusieurs milliers de personnes s'installer sur le sable, sous la garde et avec les secours, en vivres et en abris, des marines étrangères (2) qui s'acquittèrent avec dévouement de cette tâche délicate.

Les commandants des divers navires présents s'entendirent pour débarquer des détachements armés destinés à faire la police et veiller à la sécurité

---

(1) Ce port, représentant un capital considérable, appartient à la Société générale (de Paris). Les Péruviens avaient abrité leurs navires derrière les digues qu'ils avaient couvertes de monceaux de sacs à terre, et réquisitionné les fronts de mer pour y établir des batteries.

Le directeur n'avait aucun moyen d'empêcher cette utilisation, naturelle de la part du gouvernement. Les Chiliens virent d'un très mauvais œil le parti que la défense en tira, et l'on pouvait avoir quelques inquiétudes pour la conservation intégrale du port. Mais une fois l'occupation faite tranquillement, tout danger était conjuré, et les difficultés, s'il y en avait, rentraient dans le domaine de la diplomatie.

(2) La *Victorieuse* et le *Hussard* étaient au Callao.

Le *Decrès* et le *Dayot* à Ancon (*Marine française*).

de cette ville improvisée. Ce service dura jusqu'à ce que le ministre chilien Vergara eût fait occuper le port par des forces régulières, à la suite de l'entrée dans Lima. Les familles regagnèrent cette dernière ville après le retour de l'ordre.

Heureusement, l'esprit de modération du général en chef et de certains de ses conseillers, ainsi qu'une juste considération pour les autorités anglaises et françaises qui intervinrent, évita bien des malheurs, tout en rendant moins sensible la sagesse des mesures prises.

Médecins étrangers. — Après les batailles du 13 et du 15 janvier, les blessés avaient été entassés dans les hôpitaux, dans le palais de l'Exposition et dans divers établissements. Mais les soins leur manquaient par suite de la pénurie de chirurgiens. Les médecins étrangers, accompagnés de leurs infirmiers, et surtout ceux du *Decrès*, de la *Victorieuse* et du *Dayot*, se prodiguèrent dans les salles encombrées. M. Siciliano, du *Decrès*, faillit même être victime de son zèle à la suite d'une piqûre anatomique qui mit ses jours en danger.

Situation au Pérou en 1881.

Au moment de notre départ, le dictateur, retiré dans les Cordillères, lançait encore des décrets. On cherchait à constituer à Lima un gouvernement qui pût traiter avec les vainqueurs. Dans le courant du mois de février, les notables choisirent comme président provisoire le jurisconsulte Calderon. Mais ce pouvoir irrégulièrement fondé n'est pas agréé par tout le monde. Personne n'entrevoyait de solution acceptable, et le malaise était général. Piérola n'avait plus guère à compter que sur Aréquipa, sa ville natale, foyer de révoltes qui ont renversé plus d'une fois le gouvernement siégeant à Lima : le préfet del Solar, son ami intime, y commandait 5 ou 6,000 hommes armés, mais non aguerris.

Il n'y avait plus à songer à chasser les Chiliens de la capitale. On ne pouvait que chercher à inquiéter leurs détachements séparés, à les forcer de rester groupés en force dans les villes, en faisant une guerre de partisans adaptée à la nature montagneuse du pays.

Mais rien ne fut sérieusement entrepris, et des tentatives de ce genre, mal ordonnées, amenèrent en avril l'occupation du Cerro de Pasco par le colonel A. Letellier (10° 40′ sud, 78° ouest).

Bien avant cette résolution, on avait fait balayer les environs de Lima par de petites colonnes, Le commandant de la réserve, A. Martinez, était allé jusqu'au delà de Chicla avec 7 à 800 hommes (3,700 mètres de hauteur, à 130 kilomètres de la mer). Il avait dispersé quelques bandes de fuyards.

Mesures prises pour le séjour des Chiliens au Pérou.

Contrairement aux idées du général en chef. le ministre de la guerre était d'avis de réduire l'armée présente au Pérou, pour éviter les inconvénients provenant de l'agglomération de troupes devenues inutiles par suite de la disparition de l'ennemi. Il y avait à craindre les maladies dues aux chaleurs de la saison, celles qui résultent du séjour de soldats dans une ville, et les conflits inévitables avec les habitants.

On pourrait loger des troupes moins nombreuses dans des casernes fermées, ce qui serait avantageux à tous égards.

Du reste, la plupart des soldats s'étaient engagés pour la période des hostilités, avec la pensée de partir aussitôt après les derniers combats livrés, pour reprendre leurs travaux et s'occuper enfin de leurs affaires, en souffrance depuis si longtemps.

Dans ces conditions, la présence du général en chef n'avait plus la même importance à la tête de troupes réduites. Il profita donc de l'autorisation de rentrer avec une partie des soldats, et revint à Valparaiso, puis à Santiago, qui firent aux vainqueurs un accueil triomphal.

On se disposait à expédier 3,000 hommes pour Trujillo (8° lat. sud), au centre d'une riche contrée, et d'autres points importants entre cette ville et le Callao. Bientôt il ne resta plus que 6,000 hommes cantonnés aux alentours de cette dernière ville et de Lima.

Après le départ de Baquédano, on imposa une contribution pécuniaire considérable à la capitale, pour l'entretien des troupes. Mais ce ne fut pas sans peine que l'on obtint le payement de cette somme.

Butin.

En attendant, les Chiliens prélevaient les droits de douane dans divers ports; ils tiraient un revenu très important de l'exploitation du salpêtre de la province de Tarapaca, et faisaient occuper par le commandant Viel les îles Lobos, riches en guano (6° 25′ sud, 83° 20′ ouest).

Les transports rapatriaient les blessés, emportaient les armes prises, les munitions, les collections du Musée d'artillerie, les machines de la fabrique de poudre ; en un mot, tout ce qui avait quelque valeur.

On avait recueilli près de 15,000 fusils, principalement des Peabody, dont la longue portée étonna les assaillants ;

1500 mécanismes Remington ;

6 millions de cartouches de divers modèles ;

120 canons de campagne ou de montagne ;
près de 100 canons de position, des calibres de 32 à 1000.

Nous rappelons ici les 7 millions de soles papier (valant environ 2,500,000 fr.) saisis à bord d'un paquebot, par le colonel Lynch, pendant son expédition au nord du Pérou.

Situation au milieu de l'année 1883.

Depuis le mois de février 1881 il n'a pas été possible de constituer un gouvernement capable de traiter avec les vainqueurs.

Piérola tenant la montagne avec des Montoneras, n'obtint d'autre résultat que celui d'inquiéter des détachements isolés de l'ennemi. — Il ne paraît pas y avoir eu d'efforts vigoureux bien concertés. — En général, les bandes de partisans n'ont pas offert de résistance sérieuse aux forces chiliennes envoyées contre elles.

Le Pérou est tellement grand, pour une population relativement peu nombreuse et surtout peu homogène, qu'il est pour ainsi dire impossible d'y entretenir un courant d'idées universel et durable en faveur d'une lutte à outrance.

Les habitants de la montagne et des plateaux ne sentent pas suffisamment leur solidarité avec ceux de la côte qu'ils connaissent à peine. D'un autre côté, l'origine espagnole commune pour le Pérou et le Chili, diminue dans certaines régions la haine que l'on peut avoir contre des vainqueurs. Il ne faut pas oublier non plus qu'à diverses périodes de l'histoire contemporaine, les Chiliens sont venus au Pérou, soit comme alliés contre la métropole, soit comme soutien de l'un des partis en lutte.

L'habitude des révolutions intérieures entretient même encore entre les divers personnages importants un antagonisme qui rend entièrement difficile une solution pacifique.

Nous avons rappelé déjà des tentatives inutiles pour reprendre des négociations comme celles d'Arica.

Le président Calderon a été emmené prisonnier au Chili pour avoir voulu signer avec des étrangers des traités contraires aux intérêts chiliens.

Iglésias, l'ancien ministre de la guerre de Piérola, est reconnu par un congrès siégeant à Cajamarca, dans le Nord. Il est disposé à traiter avec les Chiliens en discutant les bases suivantes : 1º Payement d'une indemnité de guerre de 100 millions de francs environ ; 2º Cession de la province de Tarapaca ; 3º Cession conditionnelle des territoires de Tacna et d'Arica. Au bout de dix ans un vote des populations déciderait à qui doit en rester la possession.

Le congrès réuni dans Aréquipa, ville natale de Calderon aussi bien que de Piérola, continue à reconnaître le premier comme chef suprême.

En son absence on accepte l'autorité de Caceres et celle de Montero, l'ancien chef de Tacna et d'Arica.

A Lima, où l'on souffre beaucoup de la prolongation de l'occupation, sans espoir de délivrance, on est désireux de faire la paix sur la base du traité Iglésias, en obtenant l'entente entre les deux partis opposés.

Tant qu'il y a eu quelque chances de succès, avant l'entrée de l'ennemi à Lima, on ne pouvait pas condamner absolument la résolution de lutter jusqu'au bout. Maintenant que la preuve est faite de l'impossibilité de chasser l'étranger les armes à la main, il est urgent d'obtenir son départ même au prix de sacrifices considérables.

Le pays est si étendu, les ressources naturelles si grandes et si variées, malgré la perte de Tarapaca avec ses mines inépuisables de salitre, qu'une certaine période de paix et de travail peut rendre au pays une prospérité durable.

Conclusion.

La guerre du Pacifique a révélé un peuple guerrier, celui du Chili, dont l'opinion a été constamment en faveur de la continuation de la lutte et de l'expédition contre Lima. Les hommes sont habitués à supporter de grandes fatigues, par suite de la nature de leurs occupations (agriculture, mines, commerce maritime). L'élève du cheval, très répandue, fait trouver un grand nombre de bons cavaliers.

Il règne dans toute la nation un sentiment profond de la supériorité de la race, des mœurs, et de l'organisation, sur celles de leurs voisines du nord.

Tous sont fiers de leur pays, qui marche depuis longtemps dans la voie du progrès, malgré l'inégalité réelle des classes. Maintenant leur orgueil est surexcité. Depuis de longues années le pouvoir se transmet régulièrement entre les mains de présidents civils. Tout en continuant à limiter l'influence militaire, le gouvernement gardera certainement une armée plus nombreuse et la perfectionnera.

La marine, déjà suffisante, doit être notablement renforcée.

En fondant à Talcahuano (35° 50' sud) un arsenal maritime, on va donner à cette marine un centre de réparation et un abri qui lui manquent actuellement. Le plus grand port de commerce du pays, Valparaiso, se trouve défendu par un ensemble important de forts armés de gros canons, quelques-uns des derniers modèles.

Le gouvernement, qui avait pris toutes les responsabilités (parfois même au point de vue technique), puise une grande force dans le succès de ses mesures, et cette force garantit le pays contre les éventualités à craindre de la part de soldats victorieux dans une contrée d'origine espagnole.

En somme, on est en présence d'une nation avec laquelle les nations étrangères seront obligées de compter. Les côtes sont vulnérables et permettent à une puissance maritime de venger une injure; mais une guerre sérieuse serait longue, difficile, coûteuse, sans résultats bien utiles, et possible seulement, s'il le fallait, pour la France et l'Angleterre.

NOTES SUR L'ARMÉE CHILIENNE

Au début de la guerre il existait 5 régiments de ligne et 1 régiment du génie, « les sapeurs ». Mais durant la dernière campagne ce régiment n'eut à faire que quelques travaux sans importance pour les mouvements de l'artillerie (ponceaux, comblements de fossés, déblais, etc.). En réalité, les sapeurs fonctionnaient comme des soldats de ligne.

Le reste des troupes se composait de régiments et de bataillons de garde nationale mobilisée, commandés ordinairement par des officiers de l'armée régulière.

Le 1er régiment de ligne est plus habituellement désigné sous le nom de Buin, en souvenir d'un combat au pont de ce nom. — Le dernier, appelé le Santiago, n'a pas de numéro d'ordre.

Les autres unités portent généralement le nom de la province ou de la ville qui les a formés. Par exception le nom de l'Esméralda est celui du navire coulé après une glorieuse lutte; — Bulnès est le nom d'un ancien président du Chili; — les mariniers de Valparaiso avaient pris place dans le bataillon naval. Les noms de Lautaro et Caupolican rappellent deux héros araucaniens du XVIe siècle.

Les régiments qui combattent l'un à côté de l'autre s'appellent cousins (primos).

États-majors. — Tandis que le Pérou et la Bolivie ont des états-majors innombrables, le Chili se distingue par le petit nombre de ses officiers supérieurs. Avant la guerre, il n'y avait que 3 généraux en activité; plus tard on en nomma 3 autres.

Quant aux colonels, il y en avait seulement 12, employés comme chefs d'états-majors ou commandants de brigade; — de sorte que les régiments n'avaient à leur tête que des lieutenant-colonels auxquels on donne l'appellation de *commandant.*

Les 2 bataillons du régiment sont commandés par deux autres officiers supérieurs (lieutenant-colonel et *sargento mayor* (major). Le plus souvent tous deux sont de ce dernier grade.

Chacune des 4 compagnies d'un bataillon est commandée par un capitaine assisté d'un lieutenant et de 2 ou 3 sous-lieutenants ou alfereces (alferez = enseigne, porte-drapeau).

Il y a dans chaque bataillon un capitaine adjudant-major et un certain nombre d'officiers subalternes adjoints. — Les sergents et les caporaux sont à peu près répartis comme en France.

Le commandant d'une brigade avait deux aides de camp;

Le commandant d'une division en avait cinq ou six;

Le chef d'état-major d'une division en avait six

(Dans ces deux derniers cas, la moitié des places était occupée par des officiers supérieurs.)

En outre, il y avait par division un commandant du train, un chef de parc avec deux adjoints, deux aumôniers.

Le ministre de la guerre et de la marine avait à son état-major :

1° Un secrétaire général, le député Errazuriz;

2° Sept offciciers, dont deux capitaines de corvette.

Avec le chef d'état-major général, il y avait :

1° Quinze officiers supérieurs (aides de camp ou agrégés);

2° Treize officiers subalternes.

Tous les officiers étaient répartis en 6 sections :

1° Génie; 2° Artillerie; 3° Infanterie; 4° Propriétés, finances, appprovisionnements, etc.; 5° une section auxiliaire; 6° les affaires générales.

Le général en chef était assisté par :

1° L'intendant de la province de Valparaiso, don E. Altamiranos, secrétaire général de l'armée;

2° Le député Lira, secrétaire du général en chef;

3° Dix officiers supérieurs;

4° Plusieurs officiers subalternes.

L'intendant général don Davila Larrain suivait le général en chef, même pendant la bataille, ainsi qu'un commissaire-trésorier et le commandant général du train.

Le général inspecteur Saavedra n'avait plus de rôle défini au dernier moment. — Il s'effaçait devant le ministre et le général en chef. — Jusqu'à sa nomination de préfet de Lima, il ne fut qu'un simple spectateur.

Troupes. — En temps de paix, les troupes régulières tiennent garnison principalement à Santiago et à Valparaiso. Elles fournissent le personnel des postes frontières de l'Araucanie et celui des colonnes expéditionnaires contre les 30 ou 40,000 habitants indépendants de cette contrée.

Cette guerre est très pénible : car les adversaires, quoique fort peu nombreux et, pour ainsi dire, armés de simples lances, sont d'excellents cavaliers et d'intrépides soldats.

L'infanterie vaut mieux que la cavalerie pour lutter contre eux. Le pays est difficile, et le cavalier chilien, malgré son aptitude fort grande, ne peut soutenir la comparaison avec l'Araucan.

Il faut se défier des embuscades qu'ils sont habiles à dresser : malheur à ceux qui se laissent surprendre par cet ennemi féroce. — Les plus affreux traitements leur sont réservés, et la mort ne vient qu'après une longue et terrible agonie.

La limite de la partie indépendante recule chaque jour devant les efforts continus du Chili (1). Mais c'est un spectacle intéressant que celui d'une poignée de sauvages tenant héroïquement tête à une nation relativement puissante et civilisée.

Cette existence, très dure et souvent périlleuse à la frontière, n'est pas faite pour humaniser les soldats chiliens. — Cependant le fond du caractère est assez jovial et même doux. — Après des scènes horribles, une fois leur rage assouvie, nous avons vu ces hommes plutôt prévenants pour des prisonniers qu'ils avaient faits, il est vrai, à contre-cœur.

Il ne manque pas de loustics (payazos ou pallazos), pour se charger de distraire leurs compagnons.

Au moment du départ de la 1re division, on préparait sur la place de Pisco une fête de gymnastique,

---

(1) Les dernières nouvelles (1883) annoncent l'occupation, par les Chiliens, de Villarica, la principale ville araucanienne.

avec chants et jeux divers, fêtes dont les acteurs étaient des soldats de la brigade Gana.

Dans quelques régiments, les hommes, provenant d'une population agricole, disposaient avec goût leur campement en promenade, avec jardins improvisés.

Mais si, dans bien des cas, on pouvait se croire en présence de troupes comparables aux bonnes troupes européennes, bien des fois, au contraire, on rencontrait des soldats mal tenus et peu disciplinés.

Officiers. — Divers officiers étaient autrefois venus faire en France leur éducation militaire, et fréquemment des officiers supérieurs avaient eu de longues missions pour l'Europe. Avec le concours d'officiers français, on avait fondé à Santiago une école militaire où sont aussi reçus les jeunes gens se destinant à la marine — (mais ces derniers complètent leur instruction sur un navire spécial).

La plupart des officiers de la garde nationale, n'ayant jamais servi avant la guerre, durent faire leur éducation, d'abord à Autofogasta et plus tard à Iquique, en même temps que des officiers réguliers faisaient celle de leurs hommes.

Soldes. — Le soldat avait une solde de 11 piastres par mois (cela faisait environ 30 francs au cours du change, vers la fin de la campagne), en plus de la nourriture et du vêtement. On le payait rarement durant les expéditions, et même beaucoup rentrèrent au Chili, après la guerre, sans avoir touché leur solde. — Mais on versait aux familles ce qu'on appelle des *mesadas* (délégations mensuelles).

Les officiers sont payés par acompte, sur des bons

signés par eux-mêmes et par le colonel du régiment. Un capitaine touchait 95 piastres par mois (au pair cela faisait 475 francs, mais jamais on n'y arriva).

En cours de campagne, on lui donnait, en outre, 20 piastres (environ 100 francs) et une ration plus forte que celle du soldat.

On donnait aux officiers supérieurs un supplément de 30 piastres (ou 150 francs) par mois, et aux généraux de brigade environ 30 francs par jour.

DISCIPLINE. — PUNITIONS.

La discipline est très variable d'un régiment à l'autre. Cependant la division Villagran paraissait tenue sévèrement, et l'ordre y régnait pendant son séjour à Pisco. — On avait inspiré aux soldats le respect pour leurs chefs.

Par exemple, entrant un jour de repos dans le quartier d'artillerie pendant que les soldats étaient au raccommodage de leurs effets, nous les avons vus se lever et se mettre en rang jusqu'à ce qu'un officier leur eût dit de se rasseoir.

De nombreuses sentinelles étaient distribuées autour des clôtures. Assises sur des chaises, elles se levaient au passage des officiers et saluaient.

La nuit, au lieu de crier « *Alerta!* » comme dans les pays espagnols, les factionnaires frappent sur la crosse de leur fusil à certaines heures, et ce bruit se continue de proche en proche jusqu'à la dernière station.

Les soldats ne sortaient plus de leurs cantonnements, même en dehors des heures d'exercice.

Les officiers ne pouvaient s'éloigner, et le soir, après 8 heures 1/2, personne ne circulait sans autorisation.

Le dimanche, les soldats, en tenue propre, parcouraient la ville pour faire leurs achats, réunis en groupes et conduits par un sergent ou un officier. Les débitants de boissons avaient la défense de leur verser à boire autrement qu'en la présence d'un officier.

Le colonel Toro Herrera, homme éclairé, descendant d'une noble famille espagnole, était chargé de la police de la ville. Il écoutait avec attention les réclamations des habitants. Il n'hésitait pas à y faire droit et à punir les coupables quand les preuves étaient suffisantes.

Le colonel Gana continua cette tradition.

Ce ne fut pas général, et nous pourrions citer de trop nombreux exemples du contraire, à Lurin, à Chorrillos, à Barranco, à Miraflores.

Bien des officiers improvisés n'osaient punir, et, vers la fin de la campagne, des faits dignes de la cour martiale passaient inaperçus. « Il y en aurait trop ! » disait un général ! D'autres chefs voyaient avec complaisance l'esprit indompté des soldats venus du fond des provinces de la montagne : laboureurs à peine dégrossis (Huasos) ou mineurs farouches.

Après le débarquement à Lurin, il y eut, dans les premiers jours, un assez grand relàchement. Cependant, quelques régiments, comme le Buin, l'Esméralda, etc., maintinrent leurs bonnes traditions. La discipline laissa beaucoup à désirer après les batailles. Il y eut trop d'hommes ivres et dispersés.

En moyenne, il y avait assez d'abandon de la part des officiers, dont l'instruction militaire était forcément incomplète. La plupart, arrachés brusquement à leurs occupations de mineurs, d'agriculteurs, d'hommes d'affaires, apportaient dans la conduite de leurs soldats les qualités et les défauts qu'ils avaient dans la direction de leurs travailleurs en temps de paix.

Les mineurs montraient peut-être le plus d'énergie : car la vie aventureuse dans le désert trempe plus fortement les caractères.

Quelques-uns, pour se faire obéir, eurent à se servir du sabre, soit en frappant à plat, soit en usant de la pointe. On nous a cité des cas où la mort s'ensuivit.

Punitions. — Les punitions des soldats comprennent :

1º Le doublement du service, gardes supplémentaires.

2º Les *cepos de campaña* (cepos est l'équivalent de notre vieux mot *ceps*, fers, entraves).

Le soldat, accroupi, le menton près des genoux, les bras pliés descendant en dehors des cuisses, les mains liées, reçoit un fusil entre les jarrets et les saignées des bras ; il reste dans cette position une ou deux heures.

3º La prison avec une sentinelle à la porte.

4º Des coups de bâton. Le soldat s'étend ventre à terre, montrant à nu la partie qui doit recevoir les coups de badines élastiques.

Un capitaine peut faire donner 20 coups de bâton (palos).

Le lieutenant ou le sous-lieutenant ne peut infliger cette punition sans l'autorisation du capitaine.

Dans tous les cas, on doit en rendre compte au sargento mayor.

5° Réduction de grade ou de classe (on peut faire descendre d'un seul coup de sergent à dernier soldat).

6° Enfin, mais rarement, on fusille.

EXERCICES.

Toute la musique, rangée dans la rue, fait entendre la diane à 4 heures 1/2.

Les hommes font la corvée de propreté de leurs salles et de leurs personnes; ils déjeunent, puis subissent les inspections successives des caporaux, des sergents, des lieutenants et des capitaines, Ils se livrent alors au nettoyage de leurs armes. (Certains corps entretenaient convenablement leurs fusils. Par contre, dans quelques régiments mobilisés, on constatait, au camp de Lurin, une grande négligence de ce côté.)

De 6 à 9 heures et parfois à 10 heures, exercice sur le champ de manœuvre, choisi dans le voisinage ou dans la campagne.

Au retour de l'exercice, deuxième déjeuner, suivi d'une période de repos jusqu'à 3 heures. (Dans les villes de garnison, la caserne est ouverte à cette heure.)

A 3 heures, appel. Les musiques, marchant très lentement, près des baraques, jouent des *llamadas* (airs de chamade) qui ne manquent pas d'originalité.

De 3 à 4 heures, exercices de détail.

A 4 heures 1/2, dîner.

Après le dîner, au moins dans la première division, les soldats sont mis en rond par pelotons *(mitades*, moitiés de compagnies).

Le clairon joue les différentes sonneries indiquant des maniements d'armes ou des mouvements de marche.

Tous répètent cet air en chœur, sur des paroles appropriées, de sorte qu'ils arrivent à retenir parfaitement les très nombreux motifs joués.

Mouvements divers. — Maniement de l'arme.

Le règlement chilien sur les divers manœuvres est une compilation de plusieurs règlements étrangers. L'influence de l'ancien règlement français y paraît prédominante, et nous avons revu plus d'une manœuvre supprimée maintenant dans notre armée.

Pendant les premières séances, et parfois même assez lontemps après, à chaque mouvement les soldats comptent ensemble à haute voix : un! un!... dos! dos ! Dans quelques régiments on compte simplement : un!... dos!... On accentue chaque mouvement en frappant sur l'arme.

Voici quelques différences de détail avec notre règlement :

1º Les soldats prennent le *tact* des coudes.

2º Le pas est de 61 centimètres et la vitesse de 120 à la minute, au lieu de 75 centimètres et 115 chez nous.

Il y a dans l'armée des soldats fort jeunes, des enfants même, surtout dans la musique.

3º Les demi-tours se font à gauche.

4º Pour remettre la baïonnette, on fait par le flanc

droit après avoir placé l'arme entre les pieds. On tient le canon de la main *gauche;* on tire la baïonnette et on la met dans le fourreau avec la main DROITE, puis on revient face en tête.

Cependant, avec le fusil Gras, on tire et l'on remet la baïonnette avec la main GAUCHE, comme chez nous. Mais on fait encore un à-droite.

5° Le règlement conserve la manière de tenir le fusil adoptée naturellement par les factionnaires et trop souvent par des instructeurs, c'est-à-dire le fusil en travers devant le corps, la crosse à gauche, l'extrémité du canon vers l'épaule droite, la main gauche à la poignée, la main droite à la hauteur du levier.

6° *Étant en colonne à distance entière, en ordre direct, faire passer le dernier peloton en tête, puis l'avant-dernier, et ainsi de suite (passer à l'ordre inverse dans la même direction).*

1er *Mouvement.* Face en arrière (excepté le dernier peloton).

2e *Mouvement.* Chaque demi-peloton fait un changement de direction vers son aile extérieure.

3e *Mouvement.* Chaque demi-peloton fait ensuite face en arrière (vers l'intérieur).

4° *Mouvement.* Le dernier peloton se met en marche vers la tête de la colonne.

5° *Mouvement.* Aussitôt que l'avant-dernier peloton est dépassé par le dernier, il se reforme (sections à gauche et à droite), et se met en marche en gardant sa distance derrière l'autre. Ce changement de formation, exécuté rapidement et avec précision par certains bataillons, présentait un coup d'œil intéressant.

7º Pour faire l'escrime à la baïonnette, les soldats sont placés en échiquier à 4 pas les uns des autres.

Le 2ᵉ rang se porte immédiatement à 16 pas en arrière.

Dans chaque rang, les numéros 1, 5, 9, etc., restent à leur place.

Les numéros 2, 6, 10, etc., se portent *derrière ceux-ci, à 4 pas.*

Les numéros 3, 7, 11, etc., à 4 pas derrière ces derniers.

Et de même pour les numéros 4, 8, 12, etc.

4 sonneries différentes de clairon commandent 4 séries de mouvements que les soldats exécutent à la file, en comptant à haute voix à partir de la fin de la sonnerie.

La plupart des mouvements ressemblent aux nôtres. Il y en a quelques-uns de plus.

Par exemple : le simulacre d'*enfoncer* la baïonnette dans le corps d'un ennemi renversé à terre ; ou bien *le balancement* de l'arme d'avant en arrière et réciproquement, la crosse bougeant peu, le canon rasant l'épaule droite.

Pour le maniement d'arme ordinaire, aussitôt que le clairon s'est tu, les soldats font, à la suite, sans arrêt, tous les mouvements d'arme prescrits, y compris ceux de la messe et de l'inspection. Dans 2 ou 3 régiments, la régularité approchait de la perfection.

Dans d'autres, on s'apercevait que, tout en comptant, il y avait bien des escamotages pour arriver ensemble.

Certains corps avaient la mauvaise habitude de

manœuvrer constamment avec la baïonnette, de sorte que les hommes du premier rang se préoccupaient de ceux qui se trouvaient en arrière, surtout quand on faisait coucher les deux rangs. Cela causait du trouble.

A Pisco, pour les manœuvres de régiment et de brigade, on allait dans une pampa très unie, à quelques kilomètres de la ville et du port.

Il y avait beaucoup de vides dans les rangs, et même les régiments comptant 1100 hommes n'en présentaient pas plus de 700 sur le terrain. soit environ 90 par compagnie.

Les mouvements de brigade se faisaient par 2 régiments, quoique certaines brigades en continssent plusieurs.

Tirailleurs.—Les régiments isolés faisaient l'école de bataillon et celle de tirailleurs (guérillas).

Dans ce dernier cas, les bataillons se séparent en deux fractions, l'une en avant de l'autre.

La première fraction se partage en quatre lignes de tirailleurs, espacées de 7 à 8 pas, tout le monde se couchant sur le sable dans les périodes d'arrêt.

La marche en avant se fait par rang : le 4ᵉ rang se lève, les hommes hâtent le pas en passant courbés entre les files des rangs précédents, et s'arrêtent en avant du 1ᵉʳ rang. Le 3ᵉ rang se met en marche alors, puis le 2ᵉ, etc....

Charge à la baïonnette.—De temps en temps, tout un régiment rangé en bataille faisait une charge à la baïonnette, l'arme un peu basse, presque horizontale : la musique et les tambours prenaient une cadence précipitée. Les soldats s'animaient peu à peu et criaient « ..... !! *Viva Chile !* »

Quelquefois une brigade exécutait cette charge ; alors les 2 bataillons du centre restaient seuls en ligne de bataille ; les 2 autres bataillons, en colonne serrée, marchaient derrière les ailes.

Tir. — Le tir était peu soigné. L'instruction avait surtout en vue de donner aux hommes de la cohésion et leur faire tirer convenablement des feux de *salve* (*descarga*) par brigade, et parfois des feux à volonté (*fuego graneado*).

Les cartouches d'exercice, à enveloppe en clinquant, enroulée en hélice, avec un culot plus épais que celui des cartouches de combat, fournissaient beaucoup de ratés.

L'extraction en était difficile ; l'épaisseur du culot empêchait la griffe de saisir le rebord. On était alors obligé de se servir de la baguette, un peu courte.

A 550 mètres, nous avons vu employer des cibles de la dimension de celles que l'on place à 200 mètres chez nous.

Messes militaires. — La messe fournit aux soldats une nouvelle occasion de montrer la précision de leur maniement d'armes. Les troupes sont réunies sur les places publiques, soit en colonne de bataillon, soit en ligne déployée, la baïonnette au bout du fusil.

Les mouvements se font ensemble, au son du clairon (*al toque de la corneta*). Les officiers font avec le sabre les mouvements correspondants.

A *l'élévation*, après avoir mis le genou en terre, tous enlèvent le képi et le portent vers le sol.

La musique joue presque constamment pendant la cérémonie.

Musiques. — Chaque régiment en possède une, presque exclusivement composée d'instruments en cuivre, assez nombreux et fort doux à l'oreille.

Le répertoire est varié; beaucoup de morceaux sont joués de mémoire. (Dans certaines circonstances, les musiques ont exécuté immédiatement, sans prendre les cartons, la *Marseillaise*, que les chefs faisaient jouer en notre honneur.)

Les airs les plus originaux étaient des *llamadas* (airs de chamade très lents) et des *zamacuecas* (danses du pays).

Il y a de très nombreux tambours, dont quelques-uns, fils de soldats, avaient à peine neuf à dix ans.

Ils suivent parfaitement la troupe (ou plutôt la précèdent) et frappent indéfiniment, sans se lasser, leurs petites caisses très basses et très sonores. Tous ont un sentiment parfait de la mesure, et leur éducation se fait bien plus vite que chez nous. Du reste, on serait tenté de croire qu'ils éprouvent une véritable passion pour leurs instruments. Entre deux morceaux de musique, ils exécutent des batteries excessivement compliquées, en battant le milieu ou le rebord de leurs caisses, en choquant leurs baguettes entre elles; c'est de la prestidigitation. Même quand les musiques se font entendre sur les places publiques de Santiago ou de Valparaiso, il faut que les tambours se livrent, après chaque morceau, à leurs plus savants exercices. En dehors des camps, cela devient insupportable.

En tête de la musique s'avance un *llama* qui crache

au visage des passants, ou un alpaca, ou bien une chèvre ornée de rubans.

La cantinière vient ensuite avec son costume tricolore, comme dans nos régiments.

ÉQUIPEMENT.

Les soldats ont un vêtement complet de drap, et, par-dessus, un pantalon et une petite veste en coutil gris (brin).

Quelques corps avaient encore le pantalon rouge, la veste de nos fantassins et le képi rouge.

La veste en coutil, à une seule rangée de boutons, dépasse très peu la ceinture; le col est très bas. Il y a deux poches à la hauteur des seins.

La plupart ont des képis en toile avec couvre-nuque. La chemise est en toile, avec un faux-col parfois bien repassé. La cravate longue est d'une étoffe de laine bleue. Chaque soldat possède, pour les munitions, une large ceinture en toile garnie de cuir; on dirait une espèce de ceinture de gymnastique (*Voir le croquis*, Pl. V).

Il y a deux rangées de 10 pochettes pouvant contenir chacune 10 cartouches, soit en tout, 200. Mais, à cause du poids, on n'en donne que 100 pour la marche et 150 pour le combat.

Dans beaucoup de régiments il n'y avait pas de recouvrement aux pochettes, de sorte que les soldats, en courant, en se couchant, perdaient beaucoup de cartouches; on en trouvait des quantités fort grandes là où l'on avait séjourné et manœuvré longtemps. On a de plus la giberne.

Des enveloppes de cuir protégeaient les platines;

mais elles se perdaient fréquemment, et l'on devait prendre de la serge, comme pour les étuis de fusils.

Chaussure. — La chaussure consistait en demi-bottes de cuir solide, dont la partie rugueuse se trouvait à l'extérieur. Peu d'hommes mettaient des bas. D'après certains médecins, cela valait mieux (car avec des bas malpropres, la sueur et le manque d'air produisent des maladies de peau et de la desquamation). C'est une bonne chaussure, et de nombreux officiers en ont acheté au prix de 3 pesos argent, puis de 2 pesos et demi (15 à 12 fr. 50).

Cependant ces demi-bottes blessent un peu l'arrière du pied. Lors des marches dans le sable brûlant, bien des soldats les jetaient et se couvraient les pieds de bandes de linge et de drap. Beaucoup d'autres entouraient leurs bottes avec des peaux de bœuf desséchées pour les isoler du sol.

Tout le monde, même les officiers supérieurs, avait une gourde en fer-blanc (*caramayola*) de la contenance de 2 litres, suspendue au cou par une courroie de cuir, et sur cette gourde, une assiette ronde et un gobelet en forme de nacelle appliquée contre le bas (diamètre du bidon, 18 centimètres; épaisseur, $7^{mm},2$ ou $7^{mm},4$).

Les capitaines seuls avaient des tentes, et même il y avait beaucoup d'exceptions. Quelques-uns avaient de petits lits de campagne composés d'une toile tendue sur des fers en X. Mais les difficultés du transport firent abandonner la plupart des choses qui n'étaient pas indispensables. La clémence du climat permit de simplifier tout l'attirail de campagne.

Dans bien des cas on eut beaucoup de peine à empêcher les soldats de jeter leurs fardeaux. De nombreux vêtements de drap furent volontairement perdus dans le désert. On reconnaissait la route faite aux débris échelonnés sur une longue ligne.

Malgré toutes les réductions, les soldats portaient encore un poids de 26^k,250, ainsi réparti :

Armement. — Munitions. — Vivres.

Fusil Comblain, baïonnette, bretelle..........	4.900 gr.
Fourniment et fourreau	1.040
Etui du fusil...................	110
15 paquets de cartouches...................	6.300
Ceinture pour les munitions...............	330
Caramayola (gourde) pleine (2 litres d'eau)....	2.530
Sac pour les vivres.......................	330
Vivres pour deux jours...................	2.460
	18.000

Vêtements portés sur le corps.

1 képi en toile (avec couvre-nuque)	150 gr.
1 veste de drap	1.510
1 pantalon de drap	840
1 veste de toile et 1 pantalon de toile........	680
1 chemise, 1 caleçon, 1 cravate.............	470
1 paire de demi-bottes	1.200
	4.850

Objets enroulés et portés sur le dos.

Manteau (ou poncho), couverture	2.180
Porte-manteau (en cuir)	200
1 chemise, 1 caleçon, 1 mouchoir...........	470
1 serviette, 1 peigne, du savon, tabac, brosses, objets de démontage, chiffons, etc.	550
	3.400

Total..... 26^k.250

Nota. — Le soldat anglais porte en campagne un poids de 23^k,500 sans compter les vivres.

SIGNES DISTINCTIFS.

Le colonel a 6 petits galons d'or, le lieutenant-colonel en a 5, le sergent-major 4, etc., etc.

Les sergents et caporaux ont des galons sembla-
à ceux de l'artillerie en France.

Certains régiments, pour reconnaître leurs hommes, avaient fixé sur le haut des manches des galons de laine de formes et de couleurs différentes (chevrons renversés, simples ou doubles, etc., etc.)

Chaque régiment avait des fanions particuliers. Par exemple, le Talca avait le guidon français avec un carré blanc dans le bleu.

Chaque brigade et chaque division avaient un étendard en soie aux couleurs francaises, sorte de flamme dont la longueur valait 4 fois la largeur. Le numéro de l'unité était inscrit au centre.

Décoration. — En souvenir des victoires rempor-
depuis le début de la guerre jusqu'à la prise d'Arica, on avait créé une médaille commémorative non encore distribuée. On devait en créer une seconde d'un modèle différent pour la campagne de Lima : ce serait en réalité ce qu'on appelle une croix (mais nous n'en avons plus entendu parler). La première devait être une étoile à 5 branches perlées aux pointes, rayonnée dans les angles *(Voir le croquis).*

Déjà les officiers et les soldats portaient sur leurs vêtements des rubans (cintas), rouges pour les soldats, tricolores pour les officiers.

On portait autant de cintas que l'on avait vu de batailles. Quelques-uns en avaient 6 avant la dernière campagne.

Ces cintas devaient être remplacées par autant d'agrafes passées sur le ruban de la médaille et portant le nom des combats, comme cela s'est fait pour la médaille de Crimée.

ARTILLERIE.

Nous avons donné dans le cours du récit la composition de l'artillerie. La description des pièces est trop connue pour la faire ici; quelques remarques suffiront.

Toutes les pièces de 87 millimètres et quelques-unes

Les divisions de la hausse du 87 et du 75 millimètres sont des millièmes de la longueur de la ligne de mire.

Ce sont les officiers qui pointent les pièces (lieutenant ou sous-lieutenant). Certaines batteries ont fait des feux d'ensemble, et plus d'une fois on vit les 6 boulets arriver bien groupés près du but visé (à Chorrillos, contre le salto del Fraile; à Miraflores, contre la batterie Ugarte).

Sur un terrain assez dur, à Chorrillos, nous avons estimé à 6 mètres au plus le recul de la pièce de 75 millimètres non enrayée (pièce de campagne).

CANONS.	POIDS.	PROJECTILES.	CHARGE d'éclatement.	CHARGE DE TIR.	VITESSE initiale.	ANGLE DE TIR à 3,000m.	NOMBRE de rayures.
87mm de campagne Krupp	447k	Obus, 6k,800	0k,200	1k,500 gros grains.	465m	6° 42'	24
75mm de campagne Krupp	304k	Obus ordinaire, 4k,300 Obus à balles, 4k,320	0k,100 0k,013	1k gros grains comme de gros pois.	473m	»	21
75mm de montagne Krupp	105k environ	Id.	Id.	0k,400	345m	»	»
66mm de campagne Armstrong	250k	Obus, 4k,082	»	1k,133 Chambre, 100mm	»	7°	16 (vides plus larges que les cloisons).

de 75 millimètres ont tiré pour la première fois depuis leur achat, après leur envoi au campement de Lurin (janvier 1881); c'est dire qu'elles sont arrivées au dernier moment.

Avec chacun des canons Krupp se trouvait une table de tir *imprimée en français*, à l'imprimerie de M. Krupp, dans son établissement d'Essen.

Les affûts en fer étaient fort soignés, et les officiers étaient satisfaits du fonctionnement de chaque chose.

Le caisson de chaque canon de 75 millimètres de campagne contient 51 gargousses et 51 projectiles, placés verticalement, chargés, mais sans avoir la fusée en place.

On visse cette dernière rapidement, au moment du

tir (fusée à percussion ou à temps, suivant le résultat cherché).

Dans chaque batterie il y a un double caisson portant une réserve de 100 coups.

Quelques canons ont tiré chacun 150 coups entre les deux derniers jours de bataille. Il a fallu changer trois fois les obturateurs de ces pièces.

Canon de campagne Armstrong de 66 millimètres.

Il y a pour le 66 millimètres 4 espèces de projectiles :

4 mitrailles sous l'affût
8 obus ordinaires..... } en tout 40 projectiles accompagnant la pièce (240 pour les six pièces.
12 obus shrapnels......
16 obus à segments....

Un attelage de 8 chevaux traîne 3 caissons contenant 150 coups pour la batterie, ce qui porte à 390 l'approvisionnement, ou 65 par bouche à feu.

Le parc divisionnaire et le parc général en possèdent un nombre à peu près égal.

Les obus à segments et les obus ordinaires ont des fusées à percussion (avec cheville), et des fusées Pettmann.

Les shrapnels ont des fusées à temps.

Tir. — Cette batterie de 6 pièces, la seule du modèle Armstrong, arriva toute emballée au campement de Lurin. Mais les servants se sont mis rapidement au courant de la manœuvre, sous la direction de leur capitaine, M. Montauban.

Le jour des premiers essais, 1er janvier 1881, il y eut deux têtes d'arcs-boutants d'affût cassées et quelques pièces de bois brisées; mais les réparations furent faciles, grâce aux ateliers mobiles.

Dans le sable trop meuble, le recul se fait difficilement: la crosse de l'affût s'arc-boute; il y a des vibrations et des soubresauts.

Le 10 janvier on fit un second tir où rien ne manqua. Dès le premier exercice, une pièce avait montré une apparence de fente à l'intérieur. Mais, après un tir d'au moins 40 coups, à Chorrillos et à Miraflores. cette fente n'a pas changé d'aspect.

Le système de fermeture à vis française a très bien fonctionné, et cependant il régnait une grande prévention contre ce système, parmi les officiers d'artillerie et même auprès du colonel commandant général. On prétendait que la fermeture n'était pas sûre.

On était content des Krupp; on aurait voulu s'en tenir là. On allait jusqu'à dire que les Armstrong avaient été fortement avariés pendant le combat, et ce bruit paraissait très accrédité, même chez des offi ciers que nous regardions comme des hommes intelligents. Ne pouvant admettre cette infériorité par rapport aux canons Krupp, nous sommes allé une fois à Lima, examiner bien en détail les 6 canons Armstrong, qui avaient tiré environ 250 coups, soit 42 par pièce. Nous les avons trouvés en parfait état, et le capitaine nous a déclaré en avoir été fort satisfait. Du reste, nous avons signalé, au cours de notre récit, la précision de leur tir dans les deux batailles.

Les 6 mitrailleuses Gatling utilisaient les cartouches des fusils; mais la poussière rendait leur maniement difficile.

Aussi les avait-on laissées en arrière, pour ne pas s'en embarrasser.

VIVRES.

Au début de la guerre, à Antofagasta, les soldats étaient nourris par des entrepreneurs qui recevaient par jour et par homme 25 centavos, puis 40 (1 centavo égale le centième de la piastre); au cours du change cela valait 1 franc puis, 1 fr. 50. Pour ce prix, le soldat recevait 1 petit pain blanc par repas; le matin, 1 demi-litre de café ;

A midi, une soupe aux piments (haricots, etc.);

Le soir, un ragoût de viande et de pommes de terre, plus 2 *litres d'eau* distillée pour la journée.

Il n'y a dans le pays que l'eau provenant des machines.

Plus tard, la nourriture se prépara dans chaque régiment sous la direction d'un pourvoyeur.

Le pain était fourni, d'après un marché, par un boulanger qui suivait l'armée dans les divers cantonnements. Mais à Lurin on n'en eut qu'exceptionnellement, même aux tables des officiers, pendant un certain temps.

A Pisco, les troupes eurent la nourriture suivante :

Le matin, 1 demi-litre de café avec 4 à 5 centilitres d'eau-de-vie de Pisco ;

A 10 h., un puchero (pot-au-feu) assez bon, espèce de ragoût fait avec de la viande, du riz, du maïs, du piment ;

Le soir, un plat abondant de haricots.

On donnait pour toute la journée 1 pain blanc de belle qualité pesant 1 livre espagnole (460 grammes).

La boisson habituelle était l'*eau* pure.

A Lurin, l'approvisionnement devenant plus difficile, la nourriture se modifia quelque peu :

Le matin, on eut encore du café ;

A 10 heures, 1 plat de haricots ;

A 4 h. 1/2, un mélange de haricots et de charqui
(le charqui est de la viande séchée en lanières étroites
et plates ; c'est nourrissant, mais trop souvent fort peu
appétissant).

Au lieu de pain, on avait du biscuit, ou bien de la
farine avec laquelle on faisait des galettes indigestes,
cuites sous la cendre (tortillas).

De temps en temps on eut de la viande fraîche,
quand des bœufs arrivaient de Pisco, ou quand les
razzias dans la vallée avaient réussi.

Pendant quelques jours les camotes (*patates douces*)
furent un excellent appoint à la nourriture réglementaire ; mais cette réunion de 25,000 hommes eut
bien vite épuisé les rares plantations de ce tubercule.

En marche, les soldats reçoivent pour un jour :

Charqui.....	460 gr.	
Biscuit......	460 gr.	
Oignons	100 gr.	
Farine rôtie.	200 gr.	(pour mettre dans l'eau à boire).
Piment	10 gr.	

Flotte. — La ration de campagne de la flotte comprend :

Biscuit	300 gr.	Graisse.	30 gr.
Charqui........	115	Sel	15
Viande salée....	230	Aji molido (piment	
Légumes secs...	50	en poudre)....	3
Haricots	150	Sucre	75
Farine	260	Cacao..........	28
Riz...........	60	Café	14
Eau-de-vie.....	25 cent.	Vinaigre.	2 cent.

Cés divers articles sont délivrés suivant les jours de la semaine, et forment plusieurs combinaisons.

Les mécaniciens devant les feux reçoivent en outre 14 gr. de café et 50 gr. de sucre.

Quand il est possible, on remplace les conserves par des vivres frais. Mais pendant le blocus cela eut lieu rarement.

La farine grillée, délayée dans l'eau, forme un breuvage que nous trouvions délicieux après de longues heures de cheval dans le sable brûlant.

Mais on en défendit la distribution pendant quelques jours, car on crut devoir attribuer de nombreux cas de dysenterie à la substitution frauduleuse de farine de maïs, dont le prix est bien inférieur.

Les régiments traînaient avec eux, dans de fortes voitures, deux grandes chaudières et plusieurs marmites que l'on établissait, ainsi que la boucherie, en dehors du campement.

Officiers. — A la fin de la dernière campagne, la nourriture des officiers ne put guère différer de celle du soldat, malgré la meilleure volonté. Le pays ne fournissait rien, et les rares marchands ne pouvaient s'approvisionner qu'avec la plus grande difficulté. Pour avoir des caisses de vins et de liqueurs, il nous fallut mettre en œuvre le concours gracieux de navires de guerre italiens, français et chiliens, et aller chercher nous-même, à la plage, les colis apportés par des chalands et jetés sur les monceaux de bagages qui couvraient le sable.

Une bouteille d'eau-de-vie aurait été disputée à prix d'or, si l'on avait pu en avoir. Cette pénurie nous rappelle des lettres de l'armée d'Egypte en 1798, saisies par les Anglais. Dans ces lettres, certains personnages devenus célèbres demandent avec instance qu'on leur procure quelques bouteilles du précieux liquide.

Pendant les premiers jours de l'occupation de Lurin, on découvrit dans la sacristie plusieurs barils de Pisco. Leurs propriétaires avaient cru trouver là un lieu de dépôt inviolable.

La vie au grand air, la fatigue, donnaient un excellent appétit, et l'on arrivait à ne plus s'inquiéter de la qualité des aliments, pourvu qu'on en eût une bonne quantité.

Paquebots. — Les paquebots *Chile*, *Païta*, avaient été achetés à la Compagnie Sud Américaine, avec la faculté de les revendre après la guerre. Pour conserver le personnel (équipage et officiers) le gouvernement chilien payait 6,000 piastres d'argent par mois (environ 25,000 fr., en traites sur l'Europe). L'État fournissait et mettait à bord tout le charbon nécessaire pour le service.

Pour la nourriture de chaque officier passager, il était versé une piastre en argent, et pour chaque soldat une demi-piastre.

A bord du *Chile*, où se trouvaient le général en chef et de très nombreux officiers de tout rang, la table était fort mauvaise, et les repas très mal servis. Les cantines étaient dépourvues de tout. On buvait du vin du pays et encore du vin aigri, ce qui soulevait beaucoup de plaintes. Les soldats n'étaient pas relativement mieux.

Ration des chevaux. — La ration réglementaire

des chevaux était de 3 kilogr. d'orge et de 9 kilogr.
de foin. Mais une fois en campagne l'orge fut bien
rare. Même à l'état-major général il fallut attendre
plusieurs jours après le débarquement pour avoir deux
litres à peine par cheval, et fort irrégulièrement.

Le foin était remplacé par la canne à sucre, coupée
au moment même où elle devait être consommée. Ce
fourrage était très accepté par les animaux.

Eau. — Pour la marche dans le désert, les mules
transportaient des barils d'eau, pour remplir aux
étapes les caramayoles vides.

A bord du transport *Itata*, il y avait quelques puits
Norton, espèce de bélier portatif dans lequel une
faible hauteur de chute produisait une montée de
l'eau à une assez grande élévation.

SERVICE SANITAIRE.

Nous devons une partie des notes suivantes à l'o-
bligeance de M. le docteur F. Gacitua, ancien étudiant
de Paris.

Le service sanitaire de l'armée chilienne en campagne est tout à fait civil. Il suit les règlements de la
convention de Genève, que le gouvernement chilien
a reconnue par le décret du 24 juillet 1879.

Le port d'un uniforme quelconque et d'insignes
militaires de toute forme est interdit au personnel
des ambulances. La seule marque distinctive est le
brassard blanc à croix rouge.

Il y a pour l'armée expéditionnaire quatre ambulances et un hôpital volant.

Le petit bâtiment à roues, le *Paquete de Maule* est
exclusivement affecté au service médical et trans-

porte tout le matériel des ambulances. La direction générale est entre les mains du docteur Allende Padin.

Voici la composition d'une ambulance

Personnel.

      1 chirurgien en chef.
      6 premiers chirurgiens.
     12 seconds chirurgiens.
      1 premier pharmacien.
      1 contrôleur du service.
      5 aides de pharmacie.
     26 infirmiers.
      1 cuisinier et 2 aides.
      1 blanchisseur et 2 aides.
      1 chef des garçons et son aide.
      1 palefrenier.
     60 porte-brancards.

Chaque ambulance se divise en six sections dirigées chacune par un premier chirurgien, et comprenant le sixième du personnel énuméré plus haut.

Matériel de chaque ambulance.

(Voir les croquis annexés, planche V.)

      6 chariots, 24 mules harnachées (de trait).
     25 mules ou chevaux de selle pour les employés.
     25 tentes du modèle indiqué dans le croquis.
    625 lits (ayant chacun 2 couvertures épaisses, 1 oreiller,
          4 draps).
      1 cruchon pour deux lits.
      1 vase à boire, 1 assiette, 1 couvert par lit.
      6 chaudières de 125 rations chacune.
     12 marmites, plus les objets nécessaires et la vaisselle
          pour les employés.
    Les instruments de chirurgie, 3 caisses d'amputations et
          de résection, des seringues, des sondes, des tire-
          balles, des irrigateurs, des sondes de Nélaton, des
          pinces, des ciseaux et de la charpie, etc.

PLANCHE V. — Tente pour ambulance.

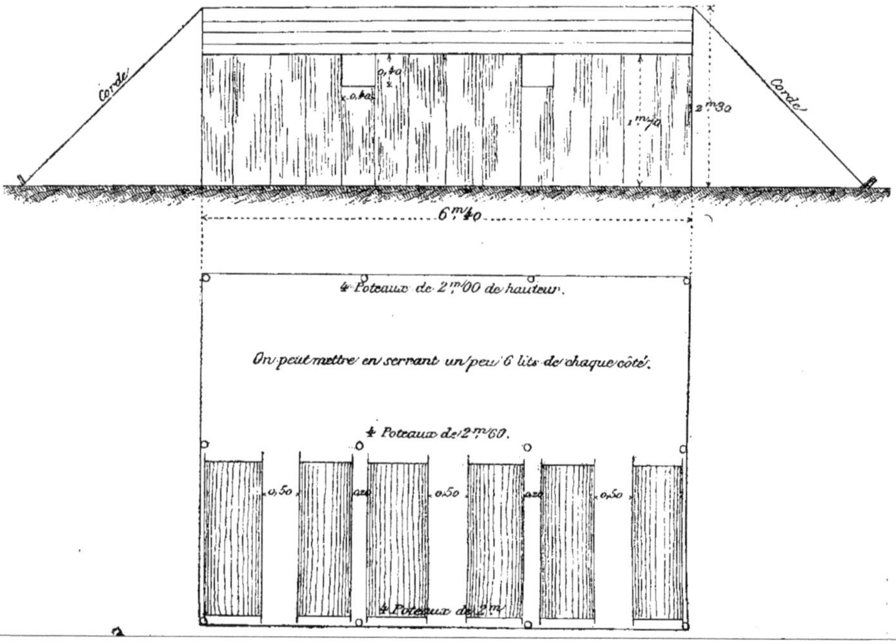

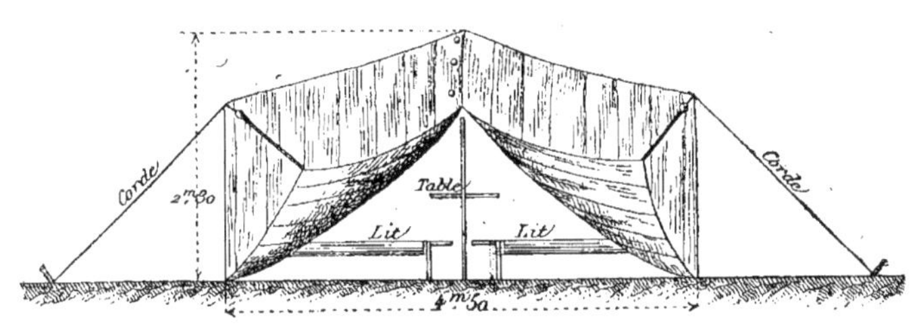

Lit d'hôpital.

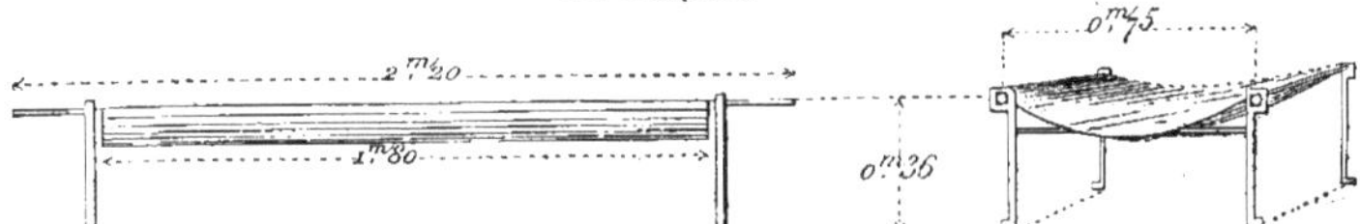

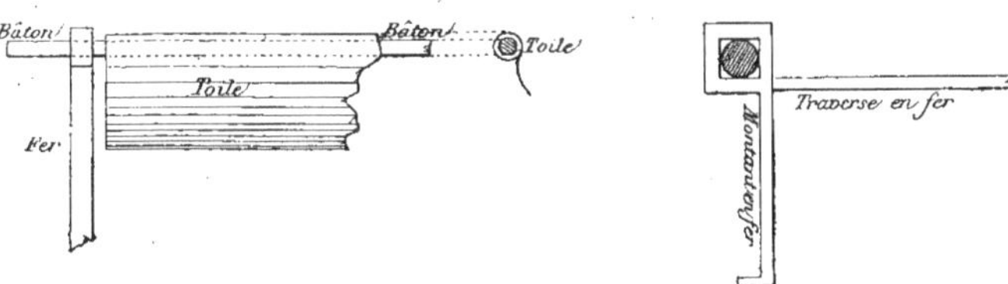

Ceinture en toile, garnie de cuir pour cartouches
(10 dans chaque pochette).

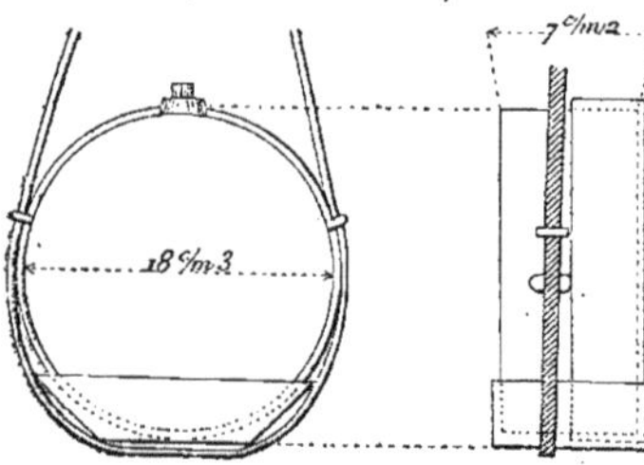

Caramayola ou caramagnole
(bidon en fer-blanc).

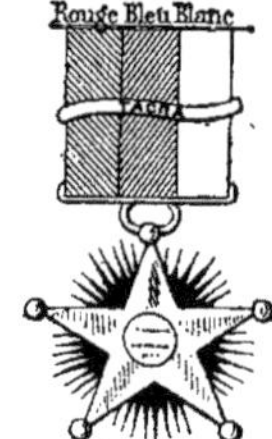

Médaille commémorative
des deux premières campagnes.

Après la bataille de Chorrillos, il y eut place pour les blessés dans un vaste et bel édifice situé près de la ville, et dans les tentes dressées un peu partout. Mais sous la toile il faisait une chaleur fort incommode, malgré les quatre fenêtres et surtout les ouvertures aux deux extrémités.

Une bonne partie du matériel resta sur le *Paquete de Maule.*

Malades. — Au 1er janvier, il y avait à Lurin 600 malades pour 24,000 hommes environ, soit 25 pour 1000. 130 hommes venaient d'être évacués sur le Chili. La santé fut en général satisfaisante. Aux débuts du séjour à Caucato (près de Pisco), il y eut beaucoup de cas de dysenterie provenant de l'eau saumâtre que l'on buvait. (On marche sur un sol salin, craquant sous les pas, à toucher les plus riches plantations.) Le changement d'eau améliora la situation de la brigade campée là. Les deux batailles donnèrent à peu près 4,150 blessés. On renvoya tous ceux qui furent jugés capables de supporter le voyage. Mais il en mourut beaucoup des suites de leurs blessures (nous ne parlons que des blessés chiliens).

GÉOGRAPHIE. — ETHNOGRAPHIE. — GOUVERNEMENT
DU CHILI.

Le Chili s'étend (1880) du 24° au 56° degré de latitude sud, sur une largeur de 140 à 180 kilomètres, depuis le désert brûlant d'Atacama jusqu'aux rochers désolés du cap Horn, battus par la tempête. En 1875, il y avait plus de 24,000 étrangers, sur près de 2,300,000 habitants. (Argentins, 7,183; Allemands,

4,678 ; Anglais, 4,267 ; Français, 3314 ; Italiens, 1988 ; Espagnols, 1233 ; Américains du Nord, 931 ; Péruviens, 830).

La langue espagnole est la seule officiellement en usage. Deux races principales : l'indigène conquise, l'espagnole conquérante.

Race indigène en trois branches: 1° *Fuégienne* (Terre de feu, ouest de Patagonie);

2° *Araucanienne*, au nord des Chonos (44°S) jusqu'au (36°S) rio Bio-Bio;

3° *Les Changos* de provenance péruvienne, au sud du désert.

La fusion peut être considérée comme faite, sauf pour 50 à 55,000 indigènes (Fuégiens, Araucans indépendants).

Le gouvernement du Chili est républicain, représentatif, populaire; fondé sur l'unité et l'indivisibilité.

Le *département législatif* se compose de deux chambres d'élection périodique et populaire; sénat et chambre des députés.

Les députés sont élus pour trois ans, un par 20,000 habitants. Les sénateurs sont élus par les provinces pour six ans, un pour trois députés.

Département exécutif. — Un président élu par des électeurs du 2° degré, pour cinq ans, non rééligible sinon après un intervalle de cinq ans.

Le ministère (5 portefeuilles) est responsable.

Département judiciaire. — Cours supérieures, juges civils et juges de districts.

La religion catholique est la religion de l'État; mais les autres cultes sont tolérés.

GÉOGRAPHIE. — ETHNOGRAPHIE. — GOUVERNEMENT
DU PÉROU.

Les limites du Pérou sont très variables, suivant les géographes. En latitude sud il s'étend de 3°30' à 21°30'. Il y a trois régions principales : la côte, la montagne et le plateau du côté du bassin de l'Amazone. En 1877 on comptait 2,884,000 habitants ; en 1876, à Lima. il y avait 100,170 habitants, dont 15,400 étrangers, 19,630 Indiens, 9,000 nègres, 23,120 métis, 33,020 Péruviens blancs. On comptait 62,243 personnes sans occupation.

Races. — La race indigène est la plus nombreuse.
La race noire compte peu de représentants.
La race blanche, assez nombreuse, augmente tous les jours par l'immigration des étrangers.
Il y avait un certain nombre de Chinois sur les plantations et dans les villes. Toutes ces races ont produit les mélanges les plus divers.
On parle ordinairement l'espagnol ; cependant à l'intérieur on emploie le quichua et l'aymara.

Gouvernement. — Le gouvernement est républicain, démocratique, représentatif, unitaire.
Le pouvoir législatif comprend un sénat et une chambre des députés.
Le pouvoir exécutif comprend un président, un 1er vice-président et un 2e vice-président, appelés à remplacer le président dans des cas prévus par la loi.

La religion catholique, apostolique et romaine est la religion d'État à l'exclusion des autres.

Crédit des belligérants. — Le *soleil péruvien* et la *piastre chilienne* en argent ont exactement le même titre et le même poids que notre pièce de 5 francs en argent. Mais ces monnaies étaient considérées comme de véritables marchandises, et s'achetaient en traites sur l'Europe, à un prix variant entre 3 fr. 50 et 4 fr. 50 l'une. Au Pérou, l'importation de l'argent monnayé était défendu ; mais il y avait une contrebande énorme que le blocus restreignit. Chaque pays possédait une monnaie en papier.

Le *sol* (ou soleil) péruvien en papier qui, au pair devrait valoir 5 francs, ou tout au moins une valeur comprise entre 3 fr. 50 et 4 fr. 50, suivant la valeur de la pièce d'argent (48 penniques ; 1 pennique = 1 penny = 10 c. 5), tomba jusqu'à 15 centimes (1 pennique et demi), puis remonta jusqu'à 0 fr. 40 lors de l'entrée des Chiliens à Lima.

En 1879, vers le mois de juin, il valait 2 fr. 20.

Au Chili, pendant toute la guerre, la piastre papier perdit à peine la moitié de sa valeur nominative, aux moments les plus difficiles ; après les dernières victoires elle valut 3 francs.

Paris. — Imprimerie L. BAUDOIN et Cᵉ, rue Christine, 2.

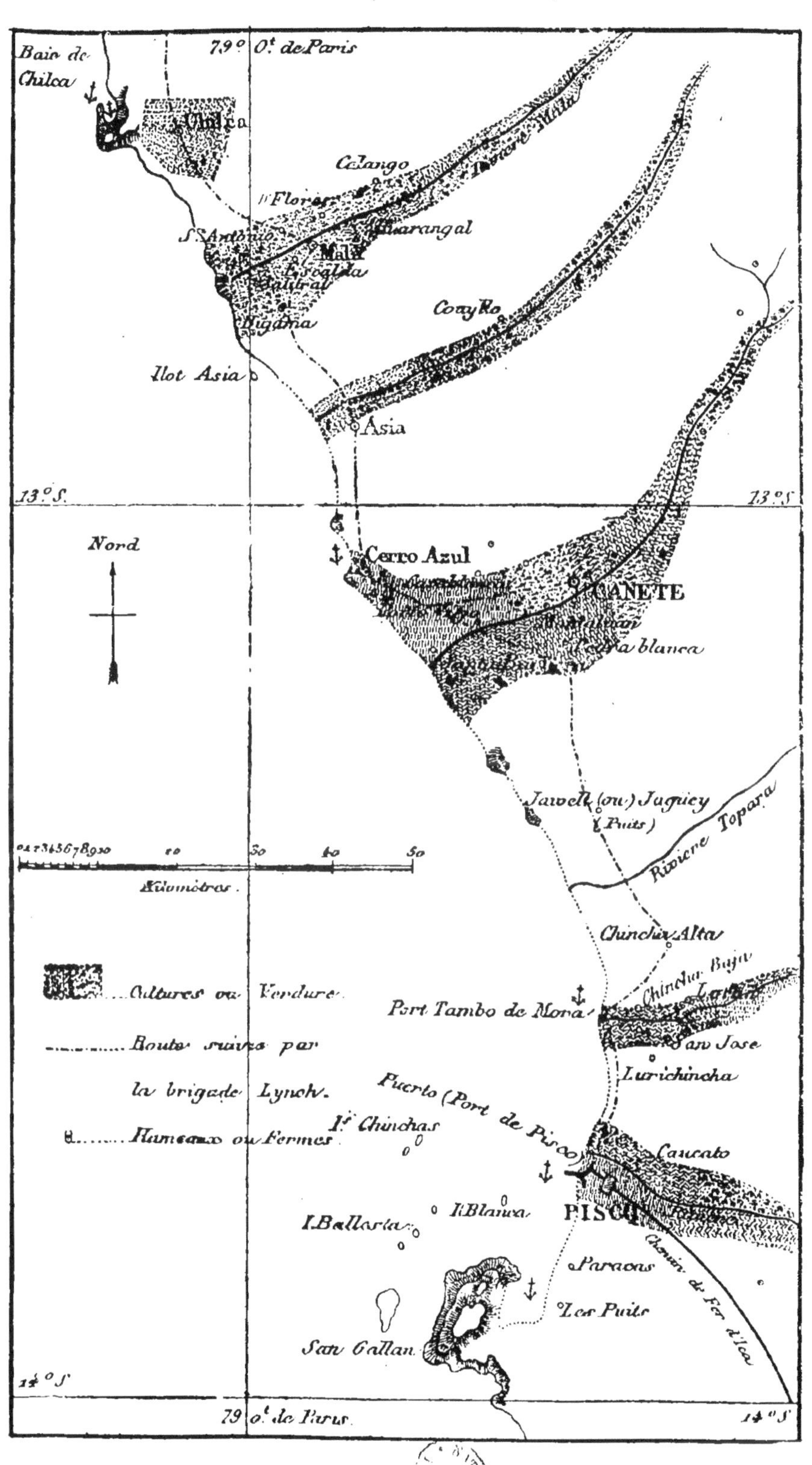
Baie de Chilca
7.9° O.t de Paris
Chilca
Calango
Desert Mala
Fr Flores
Guarangal
S.t Antonio
Mala
Ercalda
Saltral
Coayllo
Bigotia
Ilot Asia
Asia
13° S.
13° S.
Nord
Cerro Azul
S.ta CAÑETE
Herbay
Herba blanca
Jawell (ou) Jaguey
(Puits)
Rivière Topara
0 1 2 3 4 5 6 7 8 9 10   20   30   40   50
Kilomètres.
Chincha Alta
Chincha Baja
Larün
Port Tambo de Mora
Cultures ou Verdure.
Route suivie par
la brigade Lynch.
San Jose
Hameaux ou Fermes.
Lurinchincha
Puerto (Port de Pisco)
I.s Chinchas
Caucato
PISCO
I. Ballesta
I. Blanca
Paracas
Les Puits
Chemin de Fer d'Ica
San Gallan
79 o.t de Paris
14° S.
14° S.

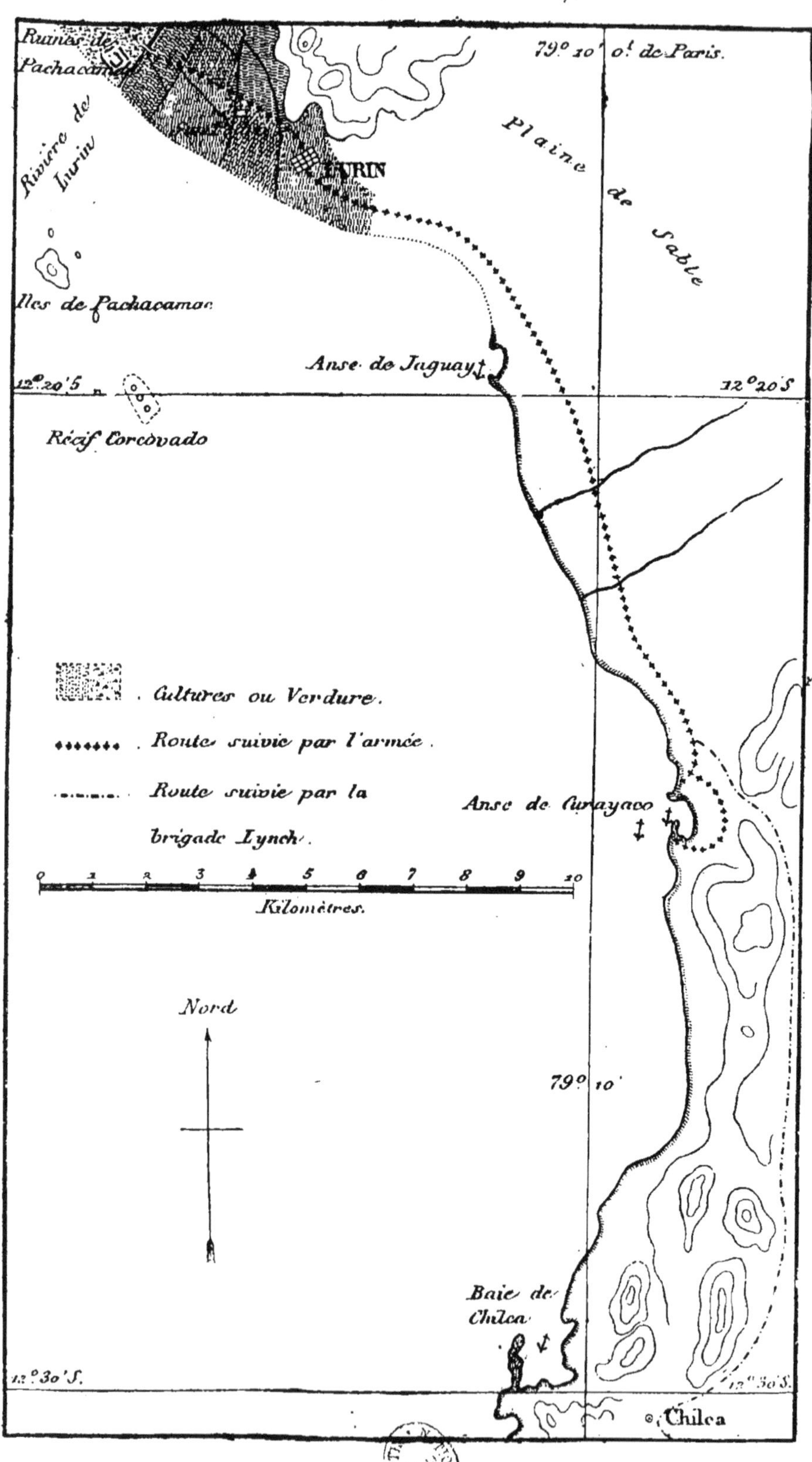
Ruines de Pachacamac
Rivière de Lurin
LURIN
Iles de Pachacamac
Plaine de Sable
79° 10' o! de Paris.
12°20'S
12°20'S
Récif Corcovado
Anse de Jaguay
Cultures ou Verdure.
Route suivie par l'armée.
Route suivie par la brigade Lynch.
0 1 2 3 4 5 6 7 8 9 10
Kilomètres.
Nord
Anse de Curayaco
79° 10'
Baie de Chilca
12°30'S.
12°30'S.
Chilca

CarteⅡ *bis*. — Campement de Lurin le 12 janvier 1881.

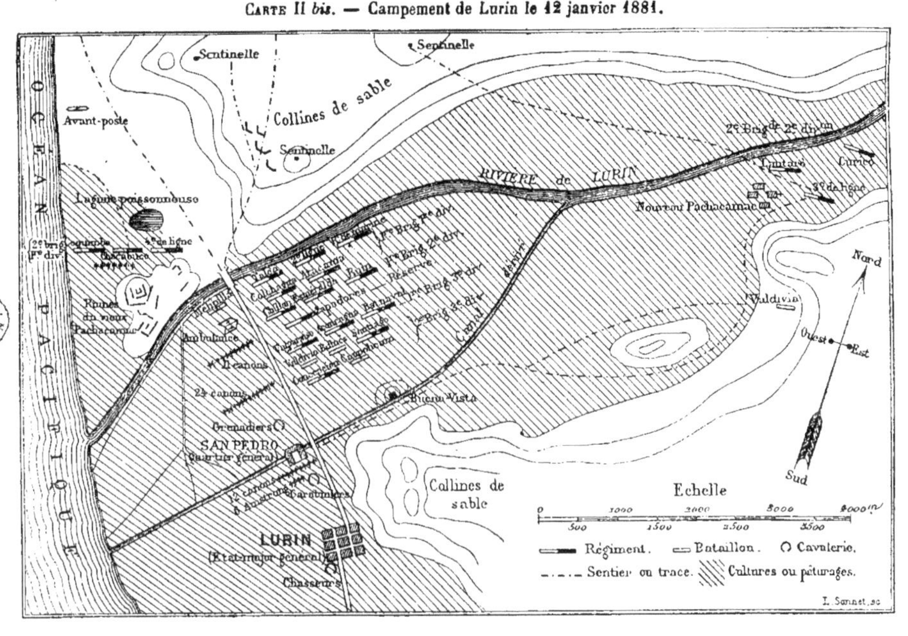

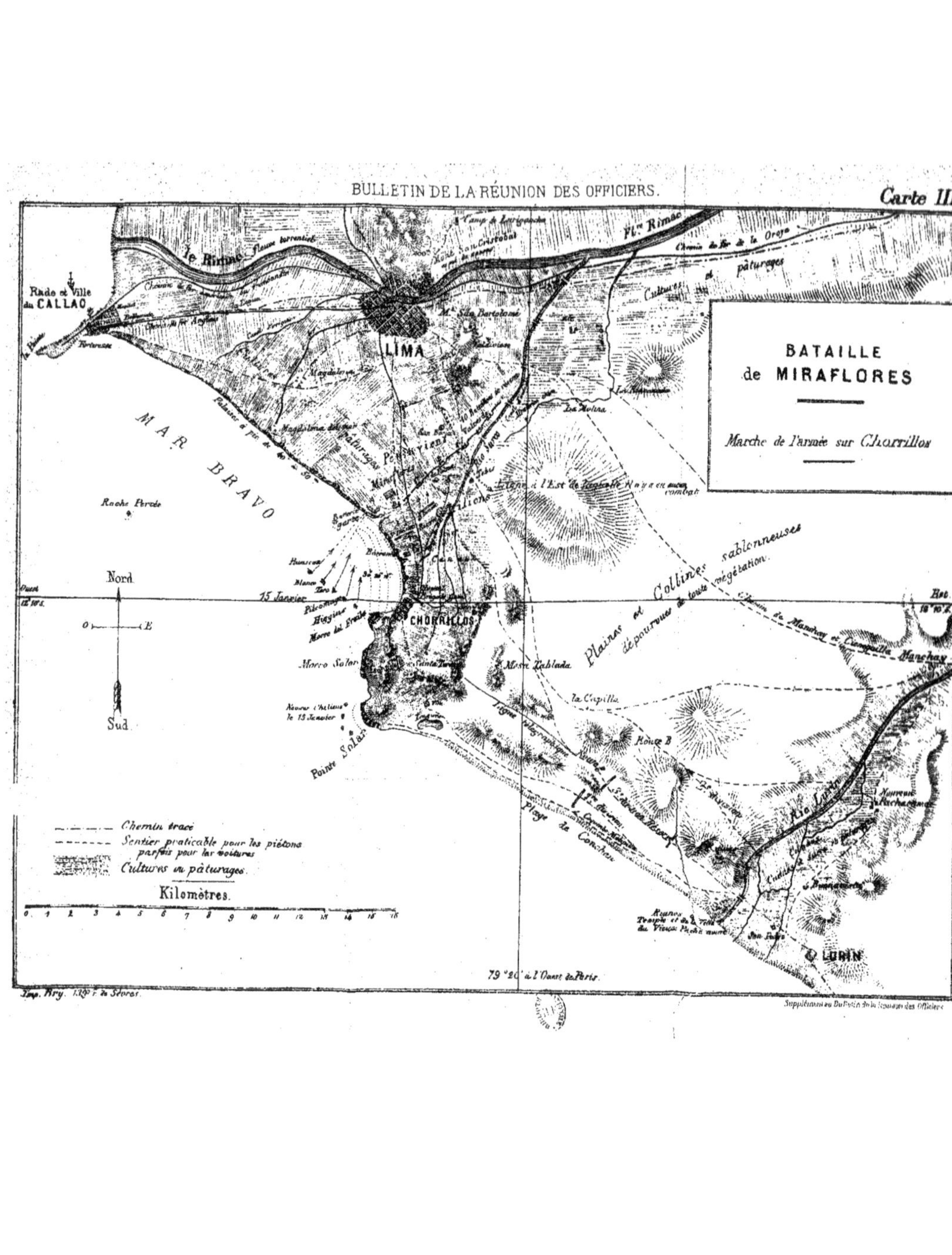
Fl.ve Rimac
Chemin de fer de la Oroya
Camp de Larigancha
Morro San Cristobal
le Rimac
Fleuve torrentiel
Cultures et pâturages
Rade et Ville du CALLAO
Chemin de fer Anglais
M.t San Bartolomé
Forteresse
LIMA
Magdalena
La Molina
Magdalena del mar
Pâturages
MAR BRAVO
Roche Percée
Étape à l'Est de laquelle il n'y a en aucun combat
BATAILLE
de MIRAFLORES
Marche de l'armée sur Chorrillos
Plaines et Collines sablonneuses
dépourvues de toute végétation
Ouest
Nord
Huascar
Blanco
Toro
15 Janvier
Pichinena
Higgins
Morro del Fraile
O — E
Est
CHORRILLOS
Morro Solar
Mesa Tablada
Chemin de Manchay et Campanilla
Manchay
Nouveau Chilien
le 13 Janvier
Santa Teresa
La Capilla
Pointe Solar
Rouge B
Río Lurin
Nouveau Pachacamac
Sud
Playa de Conchan
LURIN
Chemin tracé
Sentier praticable pour les piétons
parfois pour les voitures
Cultures ou pâturages.
Kilomètres.
0 1 2 3 4 5 6 7 8 9 10 11 12 13 14 15 16
79° 20' à l'Ouest de Paris.
Imp. Bry. 122 r. de Sèvres.
Supplément au Bulletin de la Réunion des Officiers

BATAILLE DE CHORRILLOS.

Route
Chemin suivi par les troupes
Chemin suivi par le Général Buquedanu
Pâturage ou Culture

Barraco

Chemin de fer allant à Lima

Nord
Ouest — Est
Sud

CHORRILLOS
Baños

Paturages entrecoupés de murs de terre séchée (Tapias) environ 1m20 de hauteur et 0m50 d'épaisseur.

Direction de la Palma
Direction de Tebes
Lautaro
Curico
Chillan
vers 7h½ les carabiniers partent pour charger

7me Grenadier partant pour une charge

Curico Lautaro

Chillan

Je 7 à 8 h. Quartier Général

San Juan

Quartier Général
Canal
Canal Surco

Pâturages et champs de canne à sucre entrecoupés de murs en terre séchée et de canaux d'arrosage dérivés du Rio Surco (dérivation du Rimac).

Esmeralda
Chillan
Cavalerie Chilienne

des balles de Peabody arrivent de plus de 2000

Artillerie de campagne

Chemin suivi par le Quartier Général
Brigade Barbosa

Santa Teresa
1re Division

Brigade Barceló vers 10h

Plaine sablonneuse entre des collines (de sable à sommets arrondis)

feu très nourri
Collines ne dépassant pas 100m

Mérro Solar 280

Paturages et champs de canne

Melipilla
Coquimbo
Pointe Solar

Villa

Chacras 4e de ligne Talca Colchagua Atacama 3me Brigade (1e Dion)
1re Division (Lynch)

Laguna

vers 5h½
Réserve

Artillerie de montagne (1re Dion)

Morro Tablada

5e Batterie Armstrong

Quartier Général

Réserve à 3h du matin (Martinez)

Plage de Sable

Echelle en Mètres

www.ingramcontent.com/pod-product-compliance
Ingram Content Group UK Ltd.
Pitfield, Milton Keynes, MK11 3LW, UK
UKHW021053150726
13693UKWH00007B/818